교실 속 작은 사회

동물에게도 권리가 필요하다고요?

교실 속 작은 사회 ❸ 동물권
동물에게도 권리가 필요하다고요?

초판 1쇄 발행 2025년 9월 12일

지은이 전채은
그린이 한호진
발행인 김형보
편집 최윤경, 강태영, 임재희, 홍민기, 강민영, 송현주, 박지연, 김아영
마케팅 이연실, 김보미, 김민경 **디자인** 김지은, 박현민 **경영지원** 최윤영, 유현

발행처 어크로스출판그룹(주)
출판신고 2018년 12월 20일 제 2018-000339호
주소 서울시 마포구 동교로 109-6
전화 070-5080-4160(편집) 070-8724-5194(영업) 팩스 02-6085-7676
이메일 across@acrossbook.com **홈페이지** www.acrossbook.com

ⓒ 전채은, 한호진 2025

ISBN 979-11-6774-236-0 (73300)

- 잘못된 책은 구입처에서 교환해드립니다.
- 이 책은 저작권법에 따라 보호를 받는 저작물이므로 무단 전재와 무단 복제를 금지하며,
  이 책의 전부 또는 일부를 이용하려면 반드시 저작권자와 어크로스출판그룹(주)의 서면 동의를 받아야 합니다.

 제조자명 어크로스출판그룹(주) **제조국명** 대한민국 **사용연령** 8세 이상 **제조연월** 2025년 9월
주의 종이에 손이 베이거나 모서리에 다치지 않게 주의하세요.
KC마크는 이 제품이 공통안전기준에 적합하였음을 의미합니다.

만든 사람들
편집 박지연, 김아영 **디자인** 김규림

* 어크로스주니어는 어크로스출판그룹(주)의 어린이책 브랜드입니다.

교실 속
작은 사회

3 동물권

동물에게도 권리가 필요하다고요?

전채은 글 | 한호진 그림

어크로스
주니어

작가의 말

저는 어릴 적 동물에게 전혀 관심이 없었습니다. 어른이 된 이후 어느 날 학대받은 강아지를 구조하고 저의 인생이 완전히 바뀌었습니다. 동물이 제 인생에 들어온 후 사람들의 삶이 다르게 보였습니다. 사람들이 이렇게 아름다운 동물을 학대하고 함부로 대하고 있다는 사실은 저의 마음을 움직였습니다. 세상을 바꿔야 한다고요.

저와 한 베개를 13년간 같이 베고 잤던 강아지는 제 친구이자 가족이었는데, 누군가는 물건처럼 버리더군요. 어릴 적 개미굴을 파고 잠자리를 잡아 날개를 뜯곤 했던 저의 과거를 돌아봤습니다. 너무 부끄러웠죠. 그때 어른들 중 누구라도 잘못된 행동이라고 저를 야단쳐 주었다면 저는 지금보다 더 좋은 사람이 되었을 거예요. 어릴 적 제가 했던 실수를 여러분은 하지 않도록, 그렇게 제 이야기를 세상에 전하고 싶었습니다.

저는 25년 동안 동물을 구하는 일부터 글을 쓰고 캠페인을 하는 일까지 쉬지 않고 달렸습니다. 그러던 어느 날 동물에 대해 잘 몰라 벽에 부딪친 느낌이 들었습니다. 그래서 동물에 대한 과학을 연구해야겠다는 결심을 했습니다. 늦은 나이에 수의학과에 입학하여 수업을 들으면서 이과의 기초부터 공부를 해야 하는 시간은 참 어렵고 고달픈 일이었습니다. 그러나 그 힘든 시간을 견딜 수 있었던 것은 적어도 동물이 지금보다 나은 삶을 살게 해야 한다는 신념 때문이었습니다.

이 책은 어린이들뿐 아니라 어른들을 위해서도 썼습니다. 아이들과 함께 읽어 주세요. 사실 우리는 동물 덕분에 살아가고 있고, 지금은 동물에게 고맙다는 말을 해야 할 때니까요.

전채은

등장인물

연서

동물에게 호기심이 많다. 강아지를 좋아해서 반려동물로 키우고 싶어 한다. 강아지를 사러 애견 숍에 갔다가 고민에 빠진다.

영준

친구들이 좋아하는 강아지나 고양이에게는 관심이 없다. 뱀이나 도마뱀 같은 특수 동물을 키우고 싶어 한다. 이유는 멋있으니까.

하연

동물을 키운 적이 있다. 그러나 키우던 강아지가 무지개다리를 건넌 기억 때문에 동물에게 거리를 두려는 마음이 있다.

도현

동물에게 관심이 있지만, 과한 표현은 하지 않는다. 유기견 보호소에서 입양한 강아지를 키우고 있다. 강아지를 키우고 싶어 하는 연서에게 경험담을 들려준다.

김지윤 선생님

4학년 1반 담임 선생님. 동물에 대한 지식이 풍부하여 동물에게 관심이 많은 아이들의 질문에 척척 대답해 준다.

★ 차례 ★

작가의 말 ★ 4
등장인물 ★ 6

 우리의 친구: 반려동물

교실 속 이야기

① 강아지를 키우고 싶어요 ★ 16
② 아기 고양이가 울고 있어요 ★ 24

1 반려동물이란? ★ 31
2 개와 고양이의 차이 ★ 33
3 반려동물, 어디에서 데리고 와야 할까요? ★ 35
4 길고양이, 데리고 와서 키워도 될까요? ★ 41
5 특수 동물을 키워도 될까요? ★ 42

선생님, 질문 있어요! ★ 46
후일담 ★ 48

2장 우리보다 더 오래전부터 살고 있던 동물: 야생 동물

교실 속 이야기

❸ **도로에서 만난 고라니** ★ 50

1 위기에 처한 야생 동물을 구할 수 있는 방법 ★ 57
2 새끼 야생 동물이 보이면 어떻게 해야 할까요? ★ 60
3 야생 동물 밀거래의 숨겨진 비극 ★ 62

선생님, 질문 있어요! ★ 64
후일담 ★ 65

3장 보호일까, 감금일까: 동물원과 수족관

교실 속 이야기

❹ **동물원으로 소풍을 가자!** ★ 68

1 동물원의 문제점과 해결 방법 ★ 76
2 코끼리와 돌고래, 특별한 동물들 ★ 80

선생님, 질문 있어요! ★ 86
후일담 ★ 88

4장 동물과 우리의 관계: 농장 동물과 실험동물

교실 속 이야기

⑤ 달걀에 왜 숫자와 마크가 있을까? ★ 90
⑥ 화장품에 왜 토끼가 그려져 있을까? ★ 97

1 농장 동물의 복지를 위한 노력 ★ 100
2 엄마 돼지의 슬픔 ★ 103
3 농장 동물의 고통 ★ 104
4 동물 실험의 역사 ★ 106
5 백신 개발을 위한 동물 실험 ★ 109
6 화장품 동물 실험이 금지된 이유 ★ 112

선생님, 질문 있어요! ★ 115
후일담 ★ 118

5장 동물 학대를 막자!

교실 속 이야기

❼ **동물 학대 사건이 발생하다** ★122

1 동물 학대란? ★127
2 대표적인 동물 학대 사건 ★128
3 잘못된 사랑, '애니멀 호더' ★130
4 동물 학대 사건을 심각하게 봐야 하는 이유 ★133
5 끔찍한 동물 학대 사건, 왜 처벌은 낮을까요? ★134

선생님, 질문 있어요! ★136
후일담 ★138

추천사 ★139

우리의 친구:
반려동물

교실 속 이야기 1

강아지를 키우고 싶어요

 방과 후 집에 돌아가는 길, 연서는 애견 숍 진열대를 발견하고는 그 앞으로 쪼르르 달려갔다. 그러고는 진열대 앞에 착 붙어서 말했다.
 "얘들아, 이리 와 봐! 엄청 귀엽지? 와, 나도 키우고 싶다."
 "난 강아지는 별로더라. 귀여운지도 잘 모르겠고. 똥도 치워 줘야 하고 산책도 시켜 줘야 하잖아. 귀찮아."
 영준이가 관심 없다는 듯 말했지만 연서는 애견 숍 강아지에게서 눈을 떼지 못했다. 하연이는 그런 연서를 보며 어

릴 적 자신이 키웠던 강아지를 떠올렸다. 교통사고로 무지개다리를 건넌 강아지가 아직도 선명하게 기억났다. 하연이는 애견 숍 강아지들을 보고 싶지 않아 고개를 돌렸다. 그 순간 도현이와 눈이 딱 마주쳤다.

"하연이 너는 강아지 안 좋아해?"

"아니, 강아지는 좋아하는데……. 예전에 키우던 강아지가 자꾸 생각나서."

"그 강아지가 왜?"

"교통사고로 무지개다리를 건넜거든."

"우리 집도 키우던 강아지가 죽어서 집 마당 은행나무 아래에 묻어 준 적 있어."

"슬프지 않았어?"

"슬펐지. 근데 지금은 괜찮아."

아이들은 각자 이야기를 하다가 집으로 돌아갔다.

연서는 집에 돌아오자마자 강아지를 키우고 싶다고 부모님에게 말했다. 엄마는 갑자기 강아지를 키우자는 연서의 말에 조금 당황했다.

"아빠랑 엄마 둘 다 회사에 다니고 있어서 강아지가 혼자 있는 시간이 많을 것 같은데 괜찮을까?"

엄마의 물음에 연서는 쉽게 대답하지 못했다. 연서가 망설이자 아빠가 말했다.

"그럼 연서야, 몇 가지 약속을 하고 강아지를 키울래?"

"네!"

신이 난 연서가 크게 대답했다.

"강아지를 키우고 싶어 하는 사람은 연서니까 연서가 많은 일을 해야 해. 강아지도 우리처럼 밥을 먹고 놀이도 하고 산책도 하는데, 혼자 할 수 없으니 사람이 돌봐 줘야겠지. 똥오줌을 누면 치워 주기도 해야 하고, 정기적으로 동물병원에도 가야 할 거야. 아빠, 엄마는 연서와 강아지가 도움이 필요하다면 언제든 도와줄 거야. 하지만 강아지를 돌보는 일은 연서가 해야 해."

연서는 아빠가 무슨 말을 하는지 이해했다.

"제가 키우자고 한 거니까 열심히 할게요."

다음 날 학교에 간 연서는 도현이에게 애견 숍에 함께 가

줄 수 있는지 물었다. 도현이는 흔쾌히 알겠다고 했다. 둘은 방과 후에 어제 봤던 애견 숍을 다시 찾았다.

다행히 어제 연서가 봐 두었던 하얀 강아지는 그대로 있었다. 애견 숍 주인은 강아지의 가격을 이야기하면서 만약 며칠 내에 강아지가 아프면 교환이 가능하다고 했다. 그 말을 듣고 연서는 조금 혼란스러웠다.

'아프면 치료를 해 줘야 하는 것 아닌가? 왜 교환을 하지? 그럼 교환한 강아지는 어떻게 되는 거지?'

연서는 결정을 하지 못하고 주인에게 다시 오겠다고 말한 뒤 애견 숍을 나왔다.

"왜? 마음에 걸리는 거라도 있어?"

도현이의 말에 연서가 고개를 끄덕였다. 그런데 도현이 표정도 별로 좋지 않았다.

"너는 표정이 왜 그래?"

연서의 물음에 도현이가 대답했다.

"네가 본 하얀 강아지 옆에 있는 강아지가 걱정돼서."

도현이는 연서가 보지 못한 것을 본 것 같았다.

"같은 곳을 뱅뱅 돌고 있더라고."

"아, 진짜? 왜 그런 거지?"

"인터넷에서 봤는데, 강아지가 스트레스를 받았을 때 하는 행동이래."

"그럼 그 강아지는 스트레스를 받고 있다는 거네?"

연서는 도현이의 말을 듣고 나니 궁금한 것이 더 많이 생겼다.

"그 강아지의 엄마는 어디에 있을까? 엄마랑 너무 일찍 헤어져서 스트레스를 받은 걸까?"

"글쎄."

도현이도 확실히 아는 건 아니라서 더 이상 말하지 못했다. 도현이는 자신이 입양한 강아지 이야기를 들려주었다. 도현이는 반려견인 하니를 유기견 보호소에서 입양했다. 이미 출산도 여러 번 했던 것으로 보이는, 추정 나이 일곱 살이 넘은 개였다고 한다.

"보통은 작고 예쁜 강아지를 좋아하지 않아? 하니를 데리고 온 이유가 있어?"

연서가 도현이에게 물었다.

"어떤 사연으로 보호소까지 들어왔는지는 모르겠지만, 이미 여러 강아지를 낳고 혼자 버려졌다면 이제는 행복하게만 살게 해 주고 싶었어."

연서는 도현이가 좀 멋있다고 생각했다.

다음 날 연서와 도현이는 쉬는 시간에 담임 선생님한테 어제 있었던 일을 이야기했다.

"연서야, 애견 숍에서 강아지를 사는 게 문제가 되는 건지 알아보면 어떨까? 요즘에는 보호소에서 입양하기도 하니까 그 절차에 대해서도 알아보도록 하자."

옆에서 대화를 듣던 영준이가 말했다.

"난 강아지나 고양이는 별로던데. 만약 키운다면 뱀이나 도마뱀 같은 동물을 키우고 싶어."

"뱀? 키우기 어렵지 않을까?"

연서의 말에 영준이가 어깨를 으쓱이며 말했다.

"멋지잖아!"

"으으, 뱀은 좀 징그러운데!"

"뭐가 징그러워? 강아지는 귀엽고 뱀은 징그럽다고 말하는 건 불공평해. 뱀을 미워하지 마."

뱀을 미워하는 건 아니지만……. 연서는 '무서운 동물을 꼭 키워야 하나?' 그런 의문이 들었다.

한편 담임 선생님은 연서의 고민을 해결해 주기 위해 수업이 끝난 뒤 구청에 전화를 했다.

"보호소에서 강아지를 입양하는 것에 대해 고민하는 학생이 있는데, 어떻게 해야 할까요?"

교실 속 이야기 ❷

아기 고양이가 울고 있어요

　연서와 도현이는 한창 머리를 맞대고 숙제 중이었다. 그런데 갑자기 도현이 핸드폰이 울렸다.
　"어? 하연이네."
　도현이가 전화를 받자 핸드폰 너머로 잔뜩 당황한 하연이 목소리가 들렸다.
　"저기, 도현아. 우리 집 앞에 아기 고양이들이 있는데 어떻게 해야 해?"
　하연이도 도현이가 동물한테 관심이 많다는 걸 알아서 전화를 한 모양이었다.

"고양이들이 어떤 상태인데?"

"그게…… 새끼들만 상자에 담겨 있어. 엄마가 없어서 그런가, 자꾸 우는데……."

"일단 기다려 봐. 금방 갈게."

연서와 도현이는 얼른 하연이네로 향했다. 아파트 계단 앞에 하연이가 쪼그려 앉아 있는 모습이 보였다. 하연이는 경비 아저씨와 이야기를 나누고 있었다.

가까이 다가가니, 하연이 앞에 작은 상자가 있었고 그 안에는 아기 고양이 두 마리가 있었다. 경비 아저씨가 말했다.

"잠깐 자리를 비운 사이에 누군가 경비실 앞에 고양이들을 두고 간 것 같구나."

하연이는 어쩔 줄 몰라 하며 말했다.

"이걸 어쩌지?"

경비 아저씨는 누군가 버린 것 같으니까 보호소에 보내야 하지 않느냐고 말했다. 도현이는 예전에 인터넷에서 보았던 '냥줍'이라는 단어가 떠올랐다. 어미 고양이가 있는 새끼

고양이를 길에서 데리고 왔다가 감당하지 못해 버리는 행위를 의미했다.

　도현이는 담임 선생님한테 전화를 해서 상황을 설명했다. 선생님은 보호소에 문의를 해 보겠다고 하고는 얼마 안 있다가 전화를 주었다.

　"상자에 담겨 있는 걸로 봐서는 누군가 어미가 없는 상태

에서 데리고 갔다가 도로 가져다 놓은 것 같아. 이미 사람 손을 많이 탄 상태라서 어미를 찾는 것도 쉽지는 않을 것 같은데. 안 그래도 내일 학교에 보호소 수의사 선생님이 입양과 반려동물에 대한 교육을 해 주러 오신다고 했으니까 하루 정도 기다려 보면 어떨까? 지금 보호소는 동물들이 꽉 차 있어서 주인을 찾지 못하면 안락사된대."

 선생님의 말에 하연이는 한숨을 쉬었다. 강아지를 떠나보냈던 경험과 슬픔 때문에 더 이상 동물을 키우지 않을 거라고 다짐했는데……. 깊은 고민을 하던 하연이는 연서와 도현이에게 도움을 요청하기로 했다.

얼마 전에 강아지를 입양한 연서가 아기 고양이에게 필요한 물품을 준비하기로 했고, 도현이는 고양이들을 하연이네 집으로 같이 옮기기로 했다. 연서가 물품을 사러 간 사이에 하연이와 도현이는 고양이들이 담긴 상자를 들고 집 안으로 들어갔다. 이미 하연이에게 이야기를 들은 엄마는 상자를 거실 구석으로 옮기고 상자 안에 담요 하나를 깔아 주었다.

고양이들을 물끄러미 보던 하연이가 말했다.

"엄마는 고양이에 대해서 잘 알아?"

"엄마 어릴 때는 쌀집이나 생선 가게에서 쥐 때문에 고양이를 키우곤 했어. 가끔 창고 같은 데서 고양이가 새끼를 낳곤 했지. 그때 아기 고양이들을 많이 봤어."

하연이는 그나마 다행이라고 생각했다.

그때 초인종이 울렸다. 엄마가 문을 열자 연서가 헐레벌떡 집으로 들어왔다. 연서는 연서 엄마와 함께 사료, 간식, 아기 고양이용 우유, 상자, 모래 등을 잔뜩 들고 들어왔다.

하연이는 연서가 사 온 작은 상자를 가지고 와 그 안에 모래를 깔았다. 그리고 배고파 보이는 고양이들에게 아기 고양이용 우유를 먹였다. 고양이들은 허겁지겁 잘도 먹었다.

도현이가 웃으며 말했다.

"아깽이들 귀엽네."

"아깽이?"

"아기 고양이를 부르는 말이야."

도현이의 설명에 하연이와 연서가 웃음을 터뜨렸다. 고양이들은 내일 동물병원에 데리고 가 보기로 하고, 연서와 도현이는 집을 나섰다. 연서와 같이 길을 걸으며 도현이가 말했다.

"이러다 하연이가 정말 고양이 집사가 되는 거 아니야?"

"집사가 뭐야?"

처음 들어 보는 말에 연서가 물었다.

"외국 영화 보면 귀족들 집에서 일하는 사람 있잖아. 만화책에도 나오고."

"아! 주인을 모시는 사람?"

연서가 웃으며 말했다.

"그럼 하연이가 고양이를 모셔야 하는 거야?"

"아마 강아지랑 고양이는 역사도 다르니까 성격도 다르겠지? 내일 학교에 수의사 선생님이 오신다고 하니까 자세히 물어보자."

1 반려동물이란?

'반려동물'이란 인간과 함께 생활하는 동물을 가리키는 단어입니다. 우리나라의 동물 보호법상 반려동물은 개, 고양이, 토끼, 페럿, 기니피그 및 햄스터로 정해져 있습니다. 예전에는 '애완동물'이라는 용어를 많이 썼습니다. 그런데 애완동물은 인간이 즐기기 위해 소유한다는 의미가 있어서 최근에는 반려동물이라는 용어를 널리 쓰고 있죠. 반려동물에는 동물이 인간의 친구이자 동반자라는 의미가 담겨 있어요. 그만큼 사람들이 동물과의 관계를 존중하고자 하는 문화가 자리 잡았어요.

전 세계에서 가장 사랑받는 반려동물은 단연 개일 것입니다. 개는 1만 5천 년경 전, 늑대의 한 부류가 사람으로부터 음식을 받아 생존하면서 인간과 가장 가까운 동물이 되었습니다. 인간은 필요에 따라 특수한 일을 하는 개들을 번식시켰습니다. 예를 들면 시각 장애인 안내견, 경찰을 도와주는 경찰견, 군사적 목적으로 훈련을 받은 군견 등이 있지요.

이는 개의 뛰어난 후각과 감각을 이용하면서도 인간과 개 사이에 깊고 긍정적인 관계가 만들어졌기 때문에 가능했습니다.

개 다음으로 많이 키우는 동물로는 고양이가 있습니다. 고양이와 인간이 함께 살아온 역사는 개보다 짧습니다. 고양이는 농경 사회 때 곡물 창고를 지키기 위해 야생 고양이를 길들이면서 반려동물이 되었어요. 앞에서 하연이 엄마가 했던 말 기억하죠? 그러나 고양이는 개에 비해 독립성이 강해 품종이 70여 종으로 적은 편입니다. 과학자 스티븐 부디안스키는 개는 자연스럽게 인간 사회에 적응한 반면 고양이는 인간이 의도적으로 키우다 보니 가축화가 덜 된 동물이라고 보고 있어요.

전 세계에는 국제애견연맹, 미국견종협회 등 여러 견종협회가 있어요. 각자 기준이 다르지만 종합하면, 개의 품종은 약 5,000~10,000종까지도 존재할 수 있다고 합니다.

최근에는 고양이에 대한 관심이 늘어나고 있는데, 인류학자들은 인터넷의 발달로 개에 비해 정적인 고양이가 사진이나 영상을 찍기에 유리해서 사랑을 더 많이 받는 것으로 보고 있습니다.

🐾 개와 고양이의 차이

진화 인류학자 브라이언 헤어와 버네사 우즈는 개를 '자기 자신보다 인간을 더 많이 사랑하는 지구상의 유일한 동물'이라고 말했어요. 그만큼 인간과 정서적 교감을 가장 잘 할 수 있는 동물이라고 볼 수 있죠.

개와 고양이는 반려동물로 많은 사랑을 받고 있지만 성격의 차이가 있습니다. 개는 육식 동물인 늑대에서 진화한 동물이지만, 인간과 오랫동안 살아오면서 잡식성으로 컸어요. 평균 수명은 15년인데 최근에는 20년 이상을 사는 개도 있습니다. 개는 자신의 모든 삶과 행동을 주인에게 맞추기 때문에 오랜 시간을 혼자 두거나 묶어서 가둬 키우면 원래 가지고 있던 늑대의 공격성이 커져서 자칫 주인이나 이웃을 물 수도 있어요. 따라서 함께 놀아 주거나 산책을 시키거나, 운동장이 있다면 뛰어놀 수 있도록 해야 해요. 또, 개는 사회적 동물이라 어미로부터 함께 태어난 형제들과 일정 기간 장난치며 노는 시간이 있어야 이후에 사람과의 관계도 잘 맺을 수 있답니다.

　반면에 고양이는 사람을 잘 따르지 않는다는 오해가 있는데요, 사실 고양이는 독립적인 성격이라 무조건 사람만을

바라보지는 않지만, 자신과 함께 사는 사람이 있다면 그와 함께 있는 공간을 자신의 영역으로 인정해요. 고양이는 영역 동물이라 주인과 함께하는 영역 밖으로는 잘 나가려고 하지 않지요. 간혹 예외는 있지만, 대부분 산책을 할 필요는 없습니다. 고양이는 개보다 야생성이 강해 모래로 자신의 배설물을 덮는 습성이 있습니다. 이것은 야생에서 포식자를 피하기 위해 배설물을 숨기는 것에서 비롯되었어요. 또한 야행성이라 밤에 자신의 영역을 끊임없이 돌아다니는 습성도 있습니다.

3 반려동물, 어디에서 데리고 와야 할까요?

개는 인간과 함께 오래 살면서 특수한 목적, 즉 주인의 생명과 재산을 지키기 위한 여러 행동을 하도록 번식되었습니다. 그러나 꼭 긍정적인 결과만 있었던 것은 아니에요.

'사지 말고 입양하자'는 캠페인이 전 세계적으로 일어나고 있는데요, 여기에는 배경이 있답니다. 사람들은 개를 자기가 원하는 외모로 만들고 싶어 했어요. 귀가 큰 개, 주둥이가 짧은 개, 허리가 긴 개……. 이 결과로 만들어진 개를 '품종견'이라고 해요. 이러한 번식은 이후 각 견종마다 특수한 유전병의 원인이 되기도 했습니다.

 골든 리트리버의 경우 고관절과 심장 질환이 많이 걸린다고 알려져 있고요, 프렌치 불도그의 경우에는 주름진 얼굴 때문에 호흡기 문제와 피부 문제가 발생하기도 해요. 시베리언 허스키의 경우 눈 질환이 잘 생기기도 하고요. 골든 리트리버, 프렌치 불도그, 시베리언 허스키 모두 품종견이고 사람에 의해 번식된 경우입니다.

 사람들은 원하는 방식으로 동물들을 번식시키다 싫증이 나면 버리기 시작했습니다. 이미 서양에서는 19세기부터 유기견들이 발생했고, 우리나라에서는 2000년 이후 폭발적으로 늘어났어요. 개들이 떠돌아다니다 보면 야생 동물과 접촉이 생기고 그 과정에서 광견병에 걸리기도 합니다. 광견병은 개가 걸리는 바이러스 질환으로, 광견병에 걸린 개에게 물린 사람은 목숨을 잃을 수도 있어요. 즉, 유기 동물은 사회의 안전을 해치면서 사회 문제가 되었어요.

그래서 유기 동물을 발견하면 의무적으로 구조하여 보호소에서 보호를 해야 해요. 보호소는 시에서 운영하고 있기 때문에 구조 요청이 들어오면 거부할 수 없어요. 그런데 문제는, 동물의 수명이 있기 때문에 보호소에 사는 동물이 점점 늘어난다는 거예요. 매일 개와 고양이들이 들어와서 보호소에 동물이 점점 많아지면 감염병이 발생하거나 동물의 생활 환경도 나쁘게 변할 수 있죠. 개와 고양이는 사람의 손길이 필요한데, 그렇다고 직원을 계속해서 뽑을 수는 없으니 돌보는 데도 한계가 있고요.

전국적으로 매년 10만 마리의 유기 동물이 생겨요. 따라서 새로운 주인이 나타나지 않으면 안락사를 해야 하는 동물이 있을 수밖에 없어요. 안락사는 직간접적인 방법으로 고통 없이 죽음에 이르게 만드는 행위를 말합니다. 세계 보건 기구(WHO)는 전 세계적으로 약 2억 마리의 유기견이 있다고 보고 있어요. 따라서 유기 동물에게 새로운 주인을 만나게 해 주는 것은 매우 중요합니다. 사람들이 유기 동물 입양을 꺼리는 이유는 대부분 품종견이 아니거나, 질병이 있다고 생각하거나, 나쁜 행동을 할지 모른다는 걱정 때문이에요. 여기에 답변을 해 볼까요?

  우선 품종견이 아니기 때문에 문제가 있을 수 있다는 것은 오해예요. 혼종이란 서로 다른 종이 교배해서 태어난 경우를 말하는데, 예를 들어 몰티즈와 시츄의 혼종 같은 것이죠. 계획적으로 생긴 것이 아니기 때문에 사람들이 원하는 외모와 다를 수 있어요. 하지만 중요한 것은 모두 똑같은 개라는 거예요. 사람을 좋아하고 주인에게 의지하는 성격은 변하지 않아요.

  질병에 대해서도 걱정하지 않아도 돼요. 보호소에서 입양을 보낼 때는 질병이 있는지 미리 검사를 하고 건강한 동물만 보내기 때문이에요. 그러니 각 시에서 수의사가 질병 관리를 잘하고 있는지에 대해 확인을 하고 믿을 수 있는 곳에서 입양하면 된답니다.

마지막으로, 나쁜 행동에 대한 걱정은 사실 아기 때부터 키우지 않아 그 동물이 자라 온 과정을 모른다는 점에서 비롯된 건데요, 보호소에서는 공격성을 가진 동물은 입양을 권하지 않아요. 사람을 물거나, 사람을 무서워해서 어울리지 못하거나, 치료를 받아도 다시 건강해질 가능성이 없는 동물은 입양을 보내지 않습니다. 보호소의 최종 목표는 유기 동물이 새 가정에서 잘 지내도록 하는 것이기 때문이에요. 따라서 보호소 입양에는 몇 가지 조건이 있습니다.

 첫째, 모든 가족 구성원이 찬성해야 합니다. 한 명이라도 반대한다면 나중에 가족들의 마음이 바뀔 우려가 있기 때문입니다.

 둘째, 중성화 수술은 의무적으로 해야 합니다. 번식이 계속되면 유기 동물도 늘어나고, 너무 많은 동물을 키우는 것은 사회 구성원들에게도 부담이 되기 때문에 반드시 해야 합니다. 또한 어릴 때 중성화 수술을 한 동물은 나이가 들었을 때 생식기 관련 질병에 거의 걸리지 않습니다.

 셋째, 내장형 마이크로칩을 하길 권합니다. 혹시라도 반려견을 잃어버렸을 때 목에 거는 인식표는 떨어지면 주인을 찾기 힘들지만, 내장형 마이크로칩은 어디서든 발견되면 주인을 찾을 수 있거든요.

넷째, 키우고 싶은 동물이 있을 수 있지만, 기본적으로는 동물에게 선택권을 줍니다. 인간보다 동물이 약자이기 때문입니다. 보호소에서 동물과 인간이 만나는 곳을 '만남의 방'이라고 부르는데, 입양자의 가족 구성원, 주택의 형태 등을 고려해 동물을 오게 해서 그중 동물이 주인을 선택하게 한답니다. 인간이 동물을 선택하는 것보다 동물이 주인을 선택하면 학대를 당하거나 다시 유기되는 경우를 줄일 수 있어요.

④ 길고양이, 데리고 와서 키워도 될까요?

보호소에 새끼 고양이가 들어오는 경우가 많아졌어요. 주민들이 어미를 잃은 고양이라고 생각해서 신고하거나, 무작정 데리고 갔다가 키우지 못하니까 버리는 경우가 대부분이죠. 이렇게 길에서 새끼 고양이를 데리고 오는 것을 '냥줍'이라고 해요. 앞에서 하연이가 발견한 새끼 고양이들도 그런 경우죠. 어미 고양이가 음식을 구하러 간 사이에 새끼 고양이를 데리고 오는 경우가 많기 때문에 결과적으로는 구조가 아닌 납치가 되는 것입니다.

문제는 야생성이 있는 길고양이들은 보호소로 들어온다 해도 오래 살지 못한다는 점이에요. 특유의 야생적이고 독립적인 성격 때문에 많은 동물이 함께 살고 있는 보호소에서 쉽게 적응하지 못해 안락사되는 경우가 많아요. 그러니 '냥줍' 함부로 해서는 안 되겠죠?

5 특수 동물을 키워도 될까요?

앞에서 동물 보호법상 개, 고양이, 토끼, 페럿, 기니피그 및 햄스터를 반려동물의 범위로 정하고 있다고 말했었죠. 물론 지금은 파충류, 어류 등 다양한 동물을 키우는 사람들도 늘어나고 있습니다. 영준이도 뱀을 키우고 싶다고 말했죠.

뱀이나 도마뱀 같은 특수 동물을 키울 때는 주의를 기울여야 해요. 개와 고양이는 동물에 대한 정보가 많은데도 사람들은 그 정보를 제대로 이해하지 못해 사육에 실패하기도 하잖아요. 그렇다면 소수의 사람만 키우는 특수 동물은 정보가 적은 만큼 실패의 가능성도 더 높겠죠?

예를 들어, 비어디드 드래곤을 키우는 사람이 동물을 데

리고 병원에 가야 할 상황이 생긴다면 비어디드 드래곤을 치료할 수 있는 병원은 얼마나 될까요? 그 전에 동물이 아프다는 것을 빨리 알아챌 수 있을까요? 사람에게 익숙하지 않은 동물일수록 증상을 빨리 알아채기 힘들 거예요. 따라서 이 동물에 대한 지식을 오래 쌓은 사람만 특수 동물을 키우는 것이 바람직하지 않을까요?

간혹 개와 고양이는 관리가 어려우니 그 전에 햄스터를 키워 보는 것이 어떨까 생각하는 사람도 있는데요, 햄스터는 나름의 행동 특징이 있는 하나의 동물이에요. 개나 고양이를 키우기 전 연습용으로 쓰는 동물이 아니랍니다. 햄스터는 야행성이라 낮에는 주로 잠을 자죠. 암수를 함께 키우면 새끼를 많이 낳고, 영역 동물이라서 자신의 영역에 새로 들어온 동물을 공격하기도 해요. 그래서 반드시 햄스터는 단독으로 사육해야 합니다.

특수 동물은 지식 없이 키우다가 감당이 안 될 정도로 커지거나 공격성을 드러내면 내다버려질 확률이 높아요. 이러면 발견도 어렵고, 발견되어도 갈 곳이 없으니 유기된 채

그냥 죽을 수도 있어요. 또 다른 문제는 우리나라 환경에 적응하여 생태계를 혼란스럽게 할 수도 있다는 거죠. 대표적인 예가 붉은귀거북이에요. 이 거북은 반려용으로 키우다 야생에 방류되어 현재 우리나라 고유의 남생이들을 멸종시키는 원인이 되었답니다.

선생님, 질문 있어요!

❶ 강아지를 키우다가 도저히 키우지 못하는 상황이 발생하면 어떻게 해야 할까요?

강아지를 키운다는 것은 앞으로 함께 살 가족을 맞이하는 것과 같은 의미이기 때문에 우선 강아지를 집으로 데리고 오기 전에 충분히 고민해야 해요. 사는 곳이 자주 바뀌거나, 혼자 살거나, 경제적으로 불안정한 경우에는 입양을 하지 않는 편이 좋아요.

만약 가족 전체가 이민을 가는 경우가 생긴다고 해도 그 국가에 예방 접종 증명서를 내고 검역을 거쳐 강아지를 이주시킬 수 있기 때문에 문제가 되지 않아요.

때로는 '내가 강아지를 제대로 키우고 있는 것이 맞을까? 더 좋은 주인이 있지 않을까?'라는 생각이 들 때도 있죠. 그런데 강아지를 데리고 온 나도 이렇게 힘든데 다른 사람이 나보다 이 강아지를 더 사랑해 줄까요? 그런 경우는 드물어요.

강아지가 위급한 상황이 아니라면 주변의 도움을 받아 임시 보호를 맡기는 것도 괜찮은 방법이에요. 강아지는 주인이 돈이 많든

없든 상관없어요. 방 한 칸에 살고 있어도 강아지에게는 주인이 세상의 전부랍니다.

❷ 길고양이와 반려묘는 어떤 차이점이 있나요?

길고양이와 반려묘의 경계는 명확하지 않아요. 우리가 '품종묘'라고 부르는 고양이들이 길거리에서 떠돌아다닌다면 유기되었을 가능성이 높아요. 반면 '코리안 쇼트헤어'라고 불리며, 오랫동안 한반도에 살고 있는 고양이들 중 일부는 몇 대에 걸쳐 길거리에서 살고 있어요. 이 중에는 사람이 주는 음식을 먹으며 사람과 친해져 집으로 들어오는 고양이들도 있는데, 이런 경우에는 자연스럽게 반려묘가 될 수 있어요.

중요한 것은 고양이가 반려동물로 인간과 살고 싶어 하는지, 아닌지를 잘 판단해야 해요. 새끼 고양이가 보여도 무턱대고 데리고 오지 말고 정말로 어미를 잃었거나 아픈 것인지 잘 판단해서 집으로 들여야 하죠.

반면 야생성이 강하고 길거리 생활에 이미 익숙해진 고양이는 집에 강제로 데려오기보다 자신이 살던 곳에서 살도록 해야 해요.

후일담

연서는 엄마, 아빠와 함께 유기견 보호소에 갔어요. 그리고 수의사 선생님이 알려 준 '만남의 방'에서 여러 강아지를 만났어요. 그중 유독 연서에게 매달리는 강아지가 있었어요. 연서는 강아지가 자신을 선택했다는 것을 깨달았어요. 이름은 달이, 보름달이 환한 밤에 구조되었다고 해서 달이라고 했어요. 연서는 그 이름이 마음에 들었어요.

집에 데려온 달이는 엘리베이터도 잘 타고 침대 위에도 폴짝 잘 올라왔어요. 산책할 때 혼자 뛰어나가지도 않았고요. 연서는 달이를 데리고 도현이와 반려동물 운동장에도 갔어요.

하연이는 아기 고양이 두 마리를 보호소에 보내지 않고 키우기로 했어요. 다행히 고양이들을 돌보느라 이전의 아픈 기억은 다 잊은 듯해요. 하연이는 핸드폰으로 고양이 사진과 영상을 친구들과 자주 공유했어요.

영준이는 뱀을 키우겠다는 말을 더 이상 하지 않았어요. 사실 자신이 없었거든요. 아직은요.

우리보다 더 오래전부터 살고 있던 동물:
야생 동물

교실 속 이야기 ❸

도로에서 만난 고라니

"이런!"

운전을 하던 아빠가 놀라 소리를 높였다. 함께 타고 있던 영준이 역시 놀랐다. 부모님과 할머니 댁에 가던 길이었다.

영준이는 아빠가 놀란 이유를 알았다. 도로에 어떤 동물이 빠르게 지나가는 것을 보았기 때문이다.

"아빠, 뭐예요?"

"고라니였던 것 같아."

영준이는 고라니가 차에 부딪히지 않고 피해서 다행이라

고 생각했다.

주말이 지나고 영준이는 학교에 가서 친구들에게 고라니 이야기를 했다.

"차로 친 건 아니지? 난 동물 죽는 건 정말 보기 싫어."

하연이는 상상만으로도 끔찍하다는 듯 말했다.

"아빠가 잘 피했어."

그런데 영준이 이야기를 들은 연서는 궁금했다. 고라니가 왜 도로로 뛰어들었을까? 연서가 담임 선생님한테 물어봤더니 선생님은 그 일을 '로드킬'이라고 대답했다.

"로드킬? 그게 뭐예요?"

"고라니에게도 자기 생활권이라는 것이 있겠지?"

"생활권이 뭔데요?"

"연서는 일어나서 자기 전까지 하루 동안 어디를 다니니?"

"음, 일어나서 강아지 산책시키고, 밥 먹고 학교 갔다가 오후에 집에 와서 숙제하고 강아지랑 놀아 주고…… 가끔은 친구들과 놀이터에서 놀아요."

"집, 학교, 놀이터, 산책길 같은 곳을 생활권이라고 해. 우리에게 생활권이 있듯이 고라니도 자기 생활권이 있거든. 음식도 찾고 짝을 만나 가족도 꾸리고. 그런데 고라니가 돌아다니는 생활권에 사람들이 도로를 만든 거지. 고라니는 그걸 이해 못 하니까 그냥 건너는 거야. 그러다가 자동차에 치여 목숨을 잃기도 해. 그걸 로드킬이라고 하지."

"아……."

연서는 고라니가 너무 불쌍하다고 생각했다.

"고라니를 구할 수 있는 방법은 없을까요?"

연서가 선생님에게 물었다.

"음, 그럼 우리 각자 어떤 방법이 있는지 한번 찾아보고 내일 국어 시간에 생각을 이야기하는 단원이 있으니 그때 의견을 나눠 보도록 할까?"

아이들은 학교가 끝난 뒤 연서네 집에 모여서 숙제를 하기로 했다. 각자 핸드폰과 연서네 집에 있는 노트북을 켜고 자료를 찾기 시작했다.

"그럼 우리가 고라니의 집을 뺏은 건가?"

영준이가 핸드폰을 보면서 말했다.

"그렇게 생각하는 건 너무 슬프잖아."

하연이가 얼굴을 찡그리며 대답했다. 아이들은 인터넷을 검색하며 로드킬에 대한 기사가 그동안 꾸준히 있었다는 것을 알게 되었다. 그러다 하연이가 조금 다른 주제의 기사를 찾아냈다. 낚싯줄에 걸려서 죽은 바다거북 이야기였다. 아이들은 하연이가 보던 인터넷 기사를 같이 보기 위해 모여들었다.

하연이는 아빠가 종종 낚시를 다닌다는 것을 떠올리고 집에 가서 아빠와 이야기를 나누어 보기로 했다.

"아빠, 낚시 많이 하지?"

"취미로 오래 했지."

"아까 인터넷에서 봤는데, 낚싯줄에 걸려서 죽은 바다거북이 나왔대."

아빠는 그 기사에 대해 알고 있었다. 바다거북뿐만 아니라 낚싯줄이나 어구에 걸려서 죽는 야생 동물이 종종 있다고 했다.

"어구가 뭔데?"

"어부들이 물고기를 잡을 때 사용하는 도구를 말하는 거야. 아마 낚시를 한 사람들이 다 쓴 낚싯줄을 버리지 않고 두고 갔거나 낚시를 하다가 줄이 끊어졌을 수도 있어."

"그럼 안 되는 거 아냐?"

"맞아. 그래서 아빠는 낚시가 끝난 뒤에 쓰레기가 함부로 버려지지 않도록 늘 조심해. 물론 그걸 안 지키는 사람도 있겠지만, 낚시를 오래 한 사람들은 그런 규칙을 잘 지키려고 노력하지. 담배꽁초를 바다에 버리는 사람들도 있는데, 담배꽁초에 있는 미세 플라스틱이 바다를 오염시킬 수 있으니까 그러면 안 되겠지. 끊어진 낚싯줄이나 낚싯바늘도 꼭 다 챙겨 와야 해. 아빠는 주말에 낚시를 가면 동료들과 쓰레기를 줍는 활동도 하고 있어."

"진짜? 아빠 멋지다. 근데 아빠처럼 하지 않는 사람들이 많으면 어떻게 해?"

"그래서 아무나 낚시를 못 하게 하는 제도가 필요해. 어구를 함부로 바다에 버리지 못하도록 감시가 필요하고, 바다로 흘러가는 쓰레기가 나오지 않게 하는 것도 중요하지."

다음 날 수업 시간에 하연이는 아빠에게 들은 이야기를 했다. 아이들은 자동차에 부딪혀 죽은 고라니, 낚싯줄에 걸려 죽은 바다거북 이야기에 마음이 좋지 않았다.

우리 주변에 야생 동물이 있다면 어떻게 보호해야 할까? 선생님은 더 알고 싶어 하는 아이들을 위해 가까운 야생 동물 구조 센터에 연락을 해서 실제로 야생 동물이 어떤 피해를 받고 있는지 알아보기로 했다.

1 위기에 처한 야생 동물을 구할 수 있는 방법

　로드킬은 도로의 건설로 야생 동물의 서식지가 파괴되는 것이 근본적인 원인입니다. 우리나라는 도로가 빽빽하게 모여 있는 편이기 때문에 로드킬 발생률도 높아요. 그렇다고 해서 이미 만들어진 도로를 없앨 수는 없으니, 로드킬을 막기 위한 다른 방법을 찾아봐야겠죠?

　고속 도로에서는 이미 로드킬 사건이 많이 일어났기 때문에 야생 동물이 주로 지나다니는 길을 알고 있어요. 그래서 요즘엔 '야생 동물 출몰 지역'이라는 푯말을 많이 세워 두었지요. 그곳을 지나갈 때는 속도를 줄여야 해요. 혹시 갑자기 고라니가 튀어나오더라도 피할 수 있도록 말이에요.

　만약 도로에서 이미 죽은 고라니를 발견하면 도로 공사에 전화를 해서 사체를 치우도록 하는 게 좋습니다. 고속 도로의 경우 한국도로공사(1588-2504)에, 국도나 지방도의 경우 자치구 환경 신문고(지역 번호+128)로 전화하면 돼요. 만약 뒤에 오는 차가 사체를 보고 놀라서 급정거를 하면 연쇄적으로 다른 차들까지 사고가 날 수 있거든요. 고라니가 다친 상태라면 근처 야생 동물 구조 센터에 전화를 해 주세요.

종종 전조등 불빛에 놀란 동물들이 차에 치이는 경우도 있어요. 양서류는 산란 시 대규모로 이동하다 떼로 죽기도 하고, 파충류 같은 변온 동물은 체온을 올리기 위해 아스팔트로 올라오다 죽기도 합니다. 새가 낮게 날다 차에 충돌하기도 하고요. 야생 동물 구조 센터에서는 이런 야생 동물을 구조하고 치료한 후 돌려보내요. 한편 다친 수생 동물은 해양 수산부의 지원으로 활동하고 있는 해양 동물 전문 구조·치료 기관에서 구조합니다.

바다의 역할은 우리에게 매우 중요해요. 바다는 태양 에너지를 흡수해서 대기에 방출하여 기온을 조절하고, 바닷속 식물성 플랑크톤은 광합성을 해서 지구 산소의 약 50퍼센트를 생산하지요. 우리가 숨 쉴 때 필요한 것이 산소잖아요. 또한, 바다는 대기 중 이산화 탄소를 흡수하여 지구가 너무 뜨거워지지 않도록 합니다. 그러니까 바다가 망가지

면 우리가 살아가는 생태계도 위험해지는 거지요.

생태계가 무너지지 않도록 중요한 지역은 보호 구역으로 설정하여 어업 활동을 제한할 필요가 있어요. 어업 종사자, 낚시인을 비롯한 사람들에게 해양 생태계를 보전해야 한다고 교육하는 게 무엇보다 중요합니다.

새끼 야생 동물이 보이면 어떻게 해야 할까요?

야생 동물 구조 센터는 유기견 보호소와 목적이 다릅니다. 다친 동물이 들어오면 치료하고 재활 훈련을 거친 후 야생으로 돌려보내는 일을 하고 있죠. 되도록 구조된 자리에 돌려보내는데 그건 그 동물이 사는 생활권을 고려하기 위해서예요.

야생 동물들은 여러 경로를 통해 구조 센터에 들어오는데요, 낚싯줄에 발이 걸리거나 낚싯바늘을 삼킨 경우, 교통사고를 당한 경우도 있어요. 농약에 중독되어 오기도 하고요. 심각한 경우는 안락사를 할 수밖에 없습니다. 예를 들어 밀렵*으로 총에 맞아 목숨이 위태로운 상태에서 실려 오는 동물들은 살리기가 어려워요.

  가장 난감한 건 어미가 먹이를 구하러 간 사이에 혼자 남겨진 새끼를 데리고 오는 경우예요. 문제는 데리고 온 곳을 기억하지 못해서 계속 구조 센터에서 살게 되는 거죠. 스스로는 좋은 일을 한다고 생각할지 모르지만, 결국 어미와 새끼를 떨어뜨려 놓은 거예요. 너무 어릴 때부터 구조 센터에서 살게 된 야생 동물은 자연으로 돌아가기가 어려워요. 사냥하는 방법, 짝을 찾는 방법 등 어미에게 아무것도 배우지 못했으니까요. 그러니 어린 야생 동물이 혼자 남아 있으면 정말로 어미가 돌아오지 않는 건지 며칠 동안 잘 관찰해야 해요. 야생 동물과의 거리를 지켜야 한다는 점을 꼭 기억해야 합니다.

- **밀렵**: 허가를 받지 않고 몰래 사냥하는 일.

3 야생 동물 밀거래의 숨겨진 비극

 전 세계적으로 야생 동물이 멸종 위기에 처한 데에는 여러 이유가 있어요. 그중 하나가 바로 야생 동물의 밀거래입니다. 코뿔소의 뿔이 건강에 좋다는 미신 때문에, 코끼리의 상아를 팔면 돈이 된다는 이유로 사냥꾼들은 이들을 많이 죽였죠. 특히 야생 동물은 대부분 무리를 지어 다니기 때문에 무리 전체를 죽이는 경우가 많았어요. 그 결과, 이 동물들은 빠르게 멸종되고 있어요.

 이 밖에도 희귀한 야생 동물을 키우고 싶어 하는 사람들 때문에 밀거래가 끊이지 않고 있어요. 사람들은 동물을 화물칸으로 이송하기도 하지만, 비싼 동물은 몸 안에 숨겨서 들어오기도 해요. 책을 잘라서 그 안에 숨기기도 하고, 양말 속이나 주

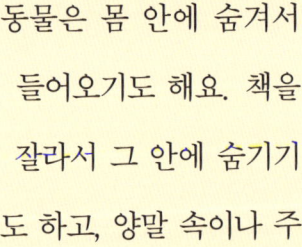

머니 안, 페트병 안에 넣어 오기도 해요. 그런데 이렇게 작다는 것은 새끼를 데려왔다는 뜻이겠죠?

새끼를 데려오는데 어미가 그냥 둘 리 없었을 테고요. 그래서 새끼를 뺏는 과정에서 어미가 다치거나 죽기도 합니다. 그렇기 때문에 희귀한 동물을 소유하려는 욕구를 가져서는 안 돼요.

 적발된 야생 동물은 공항 세관에서 보통 거두어 가는데, 막상 갈 곳이 없어서 현재는 국립생태원에서 보호하고 있어요. 하지만 보호할 공간이 점점 줄어들고 있지요.

선생님, 질문 있어요!

❶ 야생 동물을 보호하기 위해서 우리가 할 수 있는 일이 있나요?

자신이 살고 있는 지역에 냇가가 있으면 비가 많이 내리는 날에는 쓰레기봉투를 내놓지 않아야 해요. 관광지에 놀러 갔을 때는 놀고 난 뒤 자신의 쓰레기를 챙겨 가는 것도 중요해요. 냇가의 쓰레기는 큰 강을 거쳐 바다로 흘러가니까요.

캠핑이나 낚시 등 야외 활동을 한 뒤에는 작은 쓰레기라도 버리지 않도록 집에 돌아가기 전에 주변을 꼭 확인해야 해요. 낚싯줄이나 낚싯바늘을 무심코 버리고 오면 야생 동물이 다칠 수도 있거든요. 바닷가 바위에 잠시 쉬러 내려온 새가 발목에 줄이 걸려서 다리를 못 쓰게 될 수도 있고, 길고양이들은 줄이나 바늘에 묻은 음식을 먹으려다가 입에 바늘이 걸릴 수도 있어요.

후일담

아이들은 선생님과 함께 차를 타고 가까운 야생 동물 구조 센터를 방문했어요. 구조 센터에 도착하자 수의사 선생님이 기다리고 있었어요. 수의사 선생님의 안내에 따라 친구들은 모두 센터에 들어갔어요.

센터에는 부엉이 한 마리가 있었는데 날지 못했어요. 그 부엉이는 장애가 있다고 했어요. 야생성을 완전히 잃어서 야생으로 돌아가지 못하고, 구조 센터를 찾아오는 아이들을 위해 야생 동물의 생태를 설명하는 교육용으로 살아가고 있었어요.

그다음으로 간 곳은 구조된 야생 동물을 치료한 후 야생성을 찾기 위해 훈련하는 곳이었어요. 그곳에는 고라니, 너구리, 삵 등이 있었어요. 훈련에 실패한 동물은 그대로 여기에서 살게 된다고 했어요. 최근에는 주변 동물원과 협의하여 야생성을 가진 동물은 이곳에서 훈련 후 야생으로 보내고, 야생으로 돌아가지 못하는 동물은 동물원으로 보내기도 한다고 했어요.

하연이는 동물원이 동물만 구경하는 곳인 줄 알았는데 야생 동물을 보호하기도 한다는 사실을 오늘 처음 알게 되었어요.

65

보호일까, 감금일까: 동물원과 수족관

동물원으로 소풍을 가자!

 4학년 1반 아이들은 잔뜩 신이 난 상태였다. 오늘은 바로, 우리나라에서 가장 큰 동물원으로 현장 학습을 가는 날이었기 때문이다. 동물원 입구까지 동물 모양의 차를 타고 간 아이들은 모두 한 줄로 서서 입구로 들어갔다. 선생님의 안내에 따라 아프리카관, 제돌이관, 호랑이관, 영장류관을 순서대로 돌아보기로 했다.
 아프리카관에 가자 멀리서 코뿔소와 기린이 보였다. 아이들은 기린을 관찰할 수 있는 관찰대 위에 올라가 풀을 먹는

기린을 보았다. 기린은 목이 길기 때문에 높은 기둥에 건초를 넣은 밥그릇이 달려 있었다.

아이들은 아프리카관을 지나 제돌이관에 도착했다. 그런데 제돌이관 안에는 돌고래가 없었다.

"어? 돌고래가 왜 없어요?"

영준이의 물음에 선생님이 설명해 주기 시작했다.

"제돌이는 원래 제주 바다에서 살던 돌고래야. 어떤 어부가 불법으로 잡아 돌고래 쇼 공연 업체에 팔았고, 그다음 이 동물원에 오게 되었지. 제돌이가 불법으로 잡혀 왔다는 사실을 알게 된 시민 단체는 고발을 했고, 법원은 제돌이를 원래 살던 제주 바다로 보내라고 판결했어. 방류가 성공할 수 있었던 건, 제돌이가 이미 어른이 된 뒤에 잡혔고 수족관에서 지낸 기간이 짧았기 때문이야. 지금 제돌이관은 우리가 야생 동물을 함부로 잡아서는 안 된다는 것을 배우기 위해 교육관으로 사용되고 있어."

아이들은 돌고래가 없는 동물원이라니 신기하다고 생각했다.

그다음으로는 아이들이 가장 궁금해한 호랑이관으로 갔다. 우리 안에는 호랑이 두 마리가 있었는데, 한 마리는 바위 위에서 쉬고 있었고 다른 한 마리는 물웅덩이에서 놀고 있었다. 동물원에서 붙여 놓은 안내판에는, 이 시베리아호랑이는 원래 우리나라에서도 살았는데 서식지가 파괴되고 사람들이 가죽을 얻기 위해 불법으로 사냥을 하면서 거의 멸종되어 가고 있다고 적혀 있었다.

"우리나라에는 이제 없는 호랑이를 보호하고 있는 거네!"

연서는 동물원에서 멸종 위기 동물을 보호하고 있는 것이 멋지다고 생각했다. 다른 아이들도 한참을 넋 놓고 호랑이관 앞에 머물렀다.

"멋지다, 멋져!"

영준이도 계속 호랑이의 사진을 찍었다.

"근데 조금 불쌍하다."

"뭐가 불쌍해?"

하연이의 말에 영준이가 물었다.

"원래 넓은 자연에서 뛰놀아야 하는데, 좁은 데 갇혀 있는 거잖아."

하연이의 말을 듣던 선생님이 대답했다.

"호랑이가 멸종 위기종이기 때문에 보호하는 곳이 필요한 것은 사실이야. 단, 공간적 제약이 있으니 넓은 공간을 만들어 주도록 노력해야겠지."

하연이는 고개를 끄덕였다.

영장류관에 도착하자 더욱 멋진 광경이 눈앞에 펼쳐졌다. 높은 빌딩 같은 철로 된 구조물이 눈에 확 띄었다. 아이들은 모두 호기심이 가득한 눈빛으로 바라봤다.

"저건 뭐예요, 선생님?"

"저건 침팬지를 위한 구조물이야. 침팬지는 나무를 타는 습성이 있어서 그걸 고려한 거지."

그다음에 오랑우탄이 있는 곳으로 가니 마침 사육사 선생님이 나와 있었다. 사육사 선생님은 상자를 들고 있었고, 오랑우탄은 나무로 만든 구조물에 매달려 있었다.

"이 상자 안에는 오랑우탄이 좋아하는 물건들이 들어 있어요. 오랑우탄이 어떤 행동을 하는지 한번 지켜보세요."

사육사 선생님이 상자를 우리 안으로 넣어 주자 오랑우탄은 아래로 내려와 상자를 열었다. 상자 안에는 천 조각, 장갑 등이 있었다. 오랑우탄은 장갑을 꺼내 자신의 손에 꼈다. 사육사 선생님이 말했다.

"저 행위는 누가 가르쳐 준 것이 아니에요. 아마 우리가 장갑을 끼는 것을 보고 배운 것 같아요. 오랑우탄이 그만큼 머리가 좋다는 뜻이지요."

오랑우탄은 옷으로 보이는 천 조각을 만지작거리다가 다시 상자에 넣었다. 그러고는 상자를 가지고 자신의 방으로 들어갔다.

"상자에 물건을 담아서 자신의 방으로 들어가는 것은 밤에 가지고 놀기 위해서예요. 그러니까 미래를 위해 준비할 수 있는 능력도 있고, 도구를 사용할 정도의 능력도 있다는 거죠. 오랑우탄의 뛰어난 능력은 진화의 결과 인간과 유전적으로 가장 가깝기 때문이라고 보고 있어요. 그런데 이런 오랑우탄이 사는 인도네시아의 숲에서 사람들이 팜유를 얻으려고 숲을 태우면서 오랑우탄의 서식지가 없어지고 있죠. 팜유는 보통 과자 안에 많이 들어 있는 식용 재료인데, 너무 안타까운 일이에요. 멸종 위기에 놓인 오랑우탄을 지키기 위해 더욱 노력해야 할 것 같아요. 동물원에서는 이런 멸종 위기종의 종 보전을 위해 애쓰고 있답니다."

동물원의 문제점과 해결 방법

고등 동물˙이 목적 없이 어떤 행동을 반복하는 것을 '정형 행동'이라고 합니다. 이런 행동은 대부분 무료한 환경에서 살면서 정신적으로 힘들면 나타나요. 1장에서 제자리를 뱅글뱅글 돌던 애견 숍 강아지를 기억하나요?

정형 행동은 동물마다 다르게 나타나는데요, 늑대는 한곳에 서서 뱅뱅 돌고, 표범 같은 고양잇과 동물들은 사육장의 한쪽 면을 왔다 갔다 합니다. 기린은 벽이나 울타리를 혀로 핥는 행동을 하기도 하고, 코아티나 라쿤처럼 평소에 많은 활동을 하는 동물들은 좁은 사육장에서 왔다 갔다 하는 행동을 반복하기도 합니다.

정형 행동은 한번 나타나면 잘 고쳐지지 않지만, 지속적으로 풍부화를 해 주면 조금씩 개선이 되기도 합니다.

풍부화란 야생 동물이 동물원이나 수족관 같은 갇힌 공간

- **고등 동물**: 복잡한 조직과 골격을 갖추어 발달된 동물.

에서 살아야 할 때 되도록 그 동물이 살던 환경과 비슷하게 맞춰 주는 것을 의미합니다. 예를 들어, 표범이나 재규어처럼 나무 위에 올라가는 것을 좋아하는 동물에게는 키가 큰 나무를 사육장 안에 심어 주고, 물에서 목욕하는 것을 좋아하는 호랑이에게는 물웅덩이를 만들어 주는 것이지요. 코끼리도 진흙이나 모래로 목욕하는 것을 좋아하니 웅덩이를 만들어 주면 좋습니다.

먹이를 줄 때도 그냥 주기보다는 여기저기 숨겨 두면 야생 동물들은 먹이를 찾는 시간을 보내며 스트레스를 줄일 수 있습니다. 야생 동물에게 먹이를 찾는 일은 음식을 먹고 영양분을 얻는 것만큼 중요합니다. 먹이를 찾으면서 뇌를 쓰는데, 이것이 고등 동물에게는 필요한 작업이죠. 우리도 아무것도 하지 않고 좁은 공간에 가만히 있어야 한다면 괴롭겠죠? 동물들도 마찬가지예요. 최대한 자연과 비슷한 환경에서 사는 것이 좋겠지만 현실적으로 어려울 때는 풍부화를 해 줘야 해요.

풍부화를 잘하기 위해서는 기본적인 훈련과 관리가 되어

야 합니다. 코끼리의 발은 푹신푹신하고 커서, 걸으면서 바닥에서 울리는 진동을 느낄 수 있어요. 그래서 멀리 떨어져 있는 동료와도 소식을 주고받을 수 있죠. 진동을 느낄 수 있는 발이라면 매우 섬세하게 만들어졌겠죠? 발에 약간의 상처라도 나면 박테리아에 감염되어 발이 갈라지고 썩기도 해요. 그래서 동물원에 사는 코끼리에게 발 관리는 매우 중요해요.

그런데 코끼리의 발을 보기 위해 "코끼리야, 발을 좀 줘 봐."라고 해도 코끼리가 말을 듣지는 않아요. 예전에는 코끼리의 발을 찔러서 억지로 발을 올리게 했는데 이런 방법은 코끼리에게도 좋지 않고 사람도 다칠 수 있어 위험했어요. 실제로 사육사가 코끼리에게 밟히거나, 심한 경우 목숨을 잃는 일도 있었거든요. 그래서 다른 나라 동물원에서는 코끼리와 사육사 사이에 틀을 설치하여 코끼리가 공격하지 못하도록 한 후 먹이를 주며 즐거운 마음이 들 때 훈련하는 방법을 쓰기 시작했어요. 이 방법은 2014년경 우리나라에도 들어와 현재 많은 동물원에서 쓰고 있습니다.

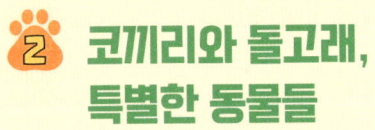
코끼리와 돌고래, 특별한 동물들

　동물원은 야생 동물을 가두어 키우고 있다는 비난을 받아 왔습니다. 동물이 살던 서식지와 달리 좁은 공간에다가 바닥이 시멘트로 되어 있는 것이 가장 큰 문제인데요, 그럼 이 문제를 해결하기 위해 어떻게 해야 할까요? 우선 사육장 환경을 바꾸어야겠죠. 그러려면 넓은 공간이 필요해요. 즉, 동물원에서 사육하는 종 수와 마릿수를 줄여야 합니다. 그래서 북극곰이나 코끼리처럼 우리나라의 기후와 다른 곳에서 살던 동물은 최대한 많이 키우지 않으려고 노력하고 있어요.

　과학자들은 동물원과 수족관에서 보호하기에는 어려운 동물이 따로 있다고 보고 있습니다. 예를 들어 인간처럼 자의식이 있고 영리하며, 사회적인 인간관계를 맺고 살아가

- **자의식**: 자기 자신이 처한 위치나 자신의 행동, 성격 따위에 대하여 깨닫는 일.

는 동물을 가두어 키우는 것은 문제가 있다는 것이지요.

코끼리나 돌고래는 평생 무리를 지어 살아가는 영리한 동물입니다. 이들은 모계 중심으로 무리를 이루어 살아가요. 수컷은 일찌감치 독립하여 다른 수컷들과 새로운 무리를 형성합니다. 그런데 동물들이 동물원이나 수족관에 오는 과정을 생각해 봅시다. 원래 있던 무리에서 벗어나 부모나 친구와 헤어지는 거죠. 이 경험은 동물들에게 평생 정신적인 고통으로 남아요.

사람들은 수족관에서 돌고래 쇼를 하는 돌고래가 어떻게 수족관으로 오게 되었는지 전혀 모르고 있었습니다. 2009년 개봉된 〈더 코브: 슬픈 돌고래의 진실〉이라는 다큐멘터리가 이 비밀을 파헤치기 전까지는요.

일본의 작은 어촌 마을에서는 가을이 되면 어부들이 배를 타고 돌고래들을 잡는다고 해요. 초음파로 물고기 떼를 찾는 돌고래의 습성을 이용하여 해안 쪽으로 돌고래를 몰아간 후 그물을 쳐 빠져나가지 못하게 하는 거죠. 어부들은 어른 돌고래는 죽이고 아기 돌고래는 잡아 수족관에 팝니다.

아기 돌고래들은 먹이를 먹기 위해 조련사들이 시키는 쇼를 하면서 살아가는 것이죠. 무엇보다 엄마와 아빠가 죽는 모습을 본 돌고래는 정신적인 충격을 받아 일부는 우울증에 걸려 죽기도 합니다. 또한 수족관의 돌고래들은 새끼도 거의 낳지 못해요. 아마도 새끼를 낳아 돌보는 것을 부모로부터 배우지 못했기 때문일 거예요.

친구, 가족과 헤어져 수족관에 들어온 아기 돌고래들은 다른 지역에서 잡혀 온 돌고래들을 만나기도 하는데요, 돌고래는 살던 지역에 따라 언어가 다르기 때문에 낯선 친구와 친해지기까지 시간이 걸립니다. 우리가 외국어를 배우는 데 시간이 걸리는 것처럼요.

사람들 앞에서 쇼를 하는 돌고래들의 삶이 어떻게 만들어졌는지를 알게 되자, 전 세계적으로 돌고래 쇼에 반대하는 운동이 일어났어요.

과학자들은 돌고래와 벨루가, 범고래 등의 뇌가 사람의 뇌와 어떤 차이가 있는지 다음과 같이 설명했어요. 사람은 이성과 언어를 다루는 뇌가 더 발달한 반면, 고래는 감정을 다루는 뇌가 더 발달했다고 합니다. 사람보다 감정이 더 풍부하고, 기쁨이나 슬픔을 더 많이 느낀다는 뜻이죠. 그러니까 돌고래를 수족관에 가두어 키우는 것은 사실 옳지 않아요. 과학자들은 돌고래가 건강하고 행복하게 살아가려면, 돌고래가 사는 바다 생태계를 잘 보호하는 것이 가장 중요하다고 말하고 있어요.

돌고래 쇼는 돌고래의 건강에 문제를 일으킨다는 것이 알려지면서 점차 사라지고 있어요. 사실 동물 쇼가 생긴 이유는 사람들이 가만히 있는 동물을 보는 것을 지루해했기 때문이에요. 처음에는 동물을 훈련시키는 것이 어려워서 때리면서 가르쳤어요. 그 과정 속에서 결국 많은 동물이 죽었고요. 이후에는 먹이로 달래면서 훈련을 했지만, 훈련이 잘 안 될 때도 있잖아요. 동물이 피곤할 수도 있고, '오늘은 쉬고 싶어.' 이런 마음일 수도 있고요. 그런데 문제는 조련사도 사람이라, 화가 나거나 짜증이 날 때 자신도 모르게 동물에게 화풀이를 할 가능성도 있거든요.

〈블랙피쉬〉라는 다큐멘터리 영화가 있어요. 거기에는 '틸리쿰'이라는 범고래가 쇼를 위해 훈련하는 과정이 나와요. 조련사는 여러 마리 중 한 마리가 잘 따라 하지 못하면 모두에게 그날 저녁을 주지 않았어요. 그럼 다음 날, 훈련을 잘 따라 하지 못한 고래 몸에는 상처가 많았어요. 친구들이 밤에 괴롭힌 거죠. 괴롭힘의 대상이 틸리쿰이었어요.

어느 날 틸리쿰은 쇼를 하던 도중 조련사의 발을 물어 물

속으로 들어가 한참 있었고, 그 결과 조련사는 목숨을 잃었어요. 당시 상황을 목격한 사람들은 여러 범고래가 마치 협동하여 조련사를 죽인 것처럼 보였다고 해요. 틸리쿰은 이후 두 번이나 더 사람을 죽였어요. 과학자들은 이런 틸리쿰의 행동을 분노가 폭발한 것으로 보고 있지요. 이 사건은 전 세계적으로 충격을 주었어요. 이런 비극이 더 이상 일어나지 않도록 동물을 이용하는 쇼는 하지 말자는 분위기가 전 세계에 퍼지고 있어요.

선생님, 질문 있어요!

❶ 좋은 동물원이란 무엇일까요?

동물원의 환경을 좋게 바꿔 주는 것은 중요해요. 사육장이 좋지 않으면 사람들이 동물을 함부로 대하는 경향이 있거든요. 저는 돌이나 쓰레기를 던지거나 나뭇가지를 잘라서 동물을 찌르는 사람들도 본 적이 있어요. 그런데 동물원의 환경을 바꿔 주면 사람들이 그런 행동을 멈춰요. 환경을 동물에 맞추어 바꾸는 것은 결국 동물과 사람에게 모두 좋은 거죠. 이를 위해서는 정부의 노력은 물론, 시민들의 노력도 필요합니다.

또한 국내에서 멸종되고 있거나 보호가 필요한 동물을 다시 자연으로 돌려보내기 위해서는 준비를 해야 해요. 동물에 대한 건강, 질병, 유전자 등에 대한 지식이 있어야 하죠. 따라서 좋은 동물원은 수의학, 생물학, 미생물학, 바이러스학 등 여러 과학적 연구를 할 수 있어야 합니다. 자연 생태계에 대한 연구가 필요하죠.

한편, 몇 년 전부터 우리나라에 체험 동물원이라는 것이 유행했어요. 그런데 체험 동물원은 문제가 있어요. 관람객은 먹이를 주는 체험이 한 번이지만, 동물들은 종일 먹이를 받아먹다 보니 질병에 잘 걸리게 돼요. 만지기 체험으로도 동물들은 스트레스를 받아요. 교육이라는 이름으로 동물을 만지고 동물에게 먹이를 주는 체험 동물원은 사라져야 합니다.

현재 전 세계에는 약 2,000개의 동물원이 있다고 알려져 있어요. 한때 시민들에게 신기한 동물을 보는 곳으로 사랑받았던 동물원이 비판의 대상이 되기 시작한 것은 1960년대 이후입니다. 서구에서 환경 운동이 활발해지면서 자연에서 데리고 온 생명을 콘크리트에 가두는 동물원이 비윤리적이라고 주장한 거죠. 동물원은 더 이상 시민들에게 비판을 받지 않도록 반성하며, 멸종 위기종을 지키고 동물 보호와 생태계 보전의 중요성을 알리는 교육 기관이 되자고 선언했습니다.

환경 파괴와 생태계 위협, 기후 위기 등으로 지구 환경이 망가지고 있어요. 동물원과 수족관은 생태계를 보전하고 망가진 자연환경을 회복하고, 동물들이 제자리로 돌아갈 수 있도록 돕는 기관이어야 합니다. 많은 과학자가 연구할 수 있는 환경이 마련되도록 정부의 노력도 필요해요.

후일담

아이들은 동물원 사육사 선생님의 이야기를 듣고 마음이 무거워졌어요. 어릴 적 동물원에 가서 무심코 과자를 던지고, 잠만 자는 곰을 보며 재미없다고 투덜대며 돌아섰던 일들이 떠올랐거든요.

연서는 얼마 전에 갔던 실내 체험 동물원이 생각났어요. 코아티와 라쿤이 유리 전시관 안에서 계속 왼쪽, 오른쪽으로 왔다 갔다 하고 있었죠. 선생님의 설명을 듣고 나니 그것이 정형 행동이었음을 알게 되었어요. 동물원에는 토끼, 기니피그 같은 동물에게 아이들이 먹이를 직접 주는 체험 활동도 있었어요. 토끼들이 모여 있는 곳 앞에는 당근이 많이 떨어져 있었고, 토끼들은 잠들어 있었죠. 하루 종일 너무 많은 당근을 먹어 배부르고 힘들었을지도 몰라요.

아이들은 뒤늦게라도 체험 동물원의 문제에 대해 알 수 있어서 다행이라는 생각이 들었어요.

4장

동물과 우리의 관계:
농장 동물과 실험동물

교실 속 이야기 5

달걀에 왜 숫자와 마크가 있을까?

"엄마, 오늘 저녁은 뭐야?"

엄마와 함께 장을 보러 마트에 온 연서가 달걀 코너에 쭉 진열되어 있는 달걀을 보며 물었다.

"뭐가 먹고 싶은데?"

"음, 글쎄……. 어? 그런데 엄마, 다 똑같은 달걀인데 왜 가격이 달라?"

가만히 달걀을 살펴보던 연서는 달걀마다 숫자가 쓰여 있다는 것도 알게 되었다.

"엄마, 여기 있는 숫자는 뭐야?"

"그건 달걀이 닭에게서 나온 날짜야. 달걀을 생산한 농장 번호와 닭의 사육 환경을 표시한 거지."

"사육 환경이 달라?"

"저기 동물 복지 인증이라고 적힌 달걀 있지? 동물 복지 인증 농장은 닭을 좁은 데에서 키우지 않아. 넓은 데서 키우려면 돈이 많이 들겠지? 그래서 가격이 비싼 거야."

"그럼 비싼 거 살 거야, 아니면 보통 가격으로 살 거야?"

"음, 오늘은 연서가 사고 싶은 걸로 사자."

연서는 동물 복지 인증을 받은 달걀을 골라 카트에 담았다. 아무래도 닭이 좋은 환경에서 자라면서 낳는 달걀이 더 좋을 것 같았다.

다음 날 연서는 선생님한테 전날 마트에서 장을 보다가 있었던 달걀 이야기를 했다.

"연서야, 그럼 우리 특별 수업 시간에 다양한 달걀이 나오게 된 배경에 대해 이야기해 보도록 할까?"

연서와 선생님을 둘러싸고 있던 다른 아이들의 눈도 반짝반짝 빛났다. 4학년 1반 아이들은 지난번 동물원에 다녀오고 난 뒤 동물에 대한 관심이 더욱 많아졌다.

"좋아요, 선생님. 그럼 저희도 같이 자료 찾아볼래요."

드디어 특별 수업 시간이 되었다.

"달걀에 표시를 하기 시작한 건 2017년 달걀 살충제 사건 때부터야. 닭이 사는 사육장에 기생충을 예방하기 위해 살충제를 쓴 것이 전 세계적으로 문제가 되었는데, 한국에서도 이상이 발견된 거야. 그럼 왜 살충제를 쓴 걸까?"

선생님의 물음에 영준이가 말했다.

"닭에게 기생충이 있어요?"

"으으, 생각만으로도 너무 싫어."

하연이가 대꾸했다.

선생님은 아이들의 말에 고개를 끄덕이며 이어서 설명했다.

"닭은 원래 모래 목욕을 하면서 자신의 몸에 달라붙는 기생충을 스스로 제거할 수 있는데 지금의 양계장 구조는 모래 목욕을 못 하게 되어 있어. 그러다 보니 기생충을 없애지 못해서 살충제를 쓴 거야. 소비자들은 이 일을 계기로 달걀이 신선하고 안전해야 한다고 목소리를 높였고, 정부는 소비자들에게 올바른 정보를 주기 위해 달걀에 농장 번호와 사육 환경 표시를 의무적으로 하게 만든 거야."

"선생님, 모래 목욕을 하지 못하는 환경이 뭐예요?"

설명을 잘 듣고 있던 도현이가 물었다.

"보통 달걀을 낳는 닭을 사육하는 곳을 '배터리 케이지'라고 불러. 제2차 세계 대전 이후 미국에서 처음 사용된 사육 방식에서 유래되었는데, 똑같은 케이지가 쭉 늘어선 모습이 포대(배터리)와 같다고 해서 붙여진 이름이야. 이런 케이지의 문제는 우선 면적이 너무 작다는 거야. A4 용지 가지고 있지?"

"네."

"배터리 케이지는 우리가 들고 있는 A4 용지보다 작아. 그 정도의 크기에 평생 갇혀서 잘 움직이지도 못한 채 산다고 상상해 봐. 얼마나 불편하겠니."

"여기서 어떻게 움직여요?"

"아무래도 닭이 편하게 움직이기에는 부족하지. 보통 케이지는 3단에서 5단까지 쌓아 놓기 때문에 작은 면적에 많은 닭을 키울 수 있다는 장점이 있어. 하지만 배설물 처리를 쉽게 하기 위해 바닥에 구멍이 숭숭 뚫려 있다 보니, 결국 다른 닭의 배설물이 머리로 떨어질 수밖에 없어. 위생적으로 당연히 좋지 않겠지? 게다가 바닥 면은 경사가 조금 있

는데 달걀을 낳으면 아래로 굴러떨어지게 하기 위해 만든 거라 닭의 발이 편하지 않아. 닭은 날개를 파닥거리면서 뛰어야 하고, 모래 목욕으로 기생충을 예방하고, 횃대에 올라가고, 알을 품는 행동을 할 수 있어야 하는데 이런 케이지에서는 불가능하지."

"아직도 닭들이 그런 데서 살아요?"

도현이가 굳은 얼굴로 물었다.

"그래서 이런 케이지를 바꾸자는 시민들의 요구가 있었어. 결국 2012년 유럽 연합 국가들 사이에서는 배터리 케이지가 금지되었지. 우리나라의 경우에는 이전보다 면적이 넓어지고 있지만, 아직 배터리 케이지 자체가 없어지지는 않았어."

 선생님의 설명을 들은 아이들은 어딘가 복잡해 보이는 얼굴을 하고 있었다.

화장품에 왜 토끼가 그려져 있을까?

 겨울 방학을 앞두고 날이 많이 추워지기 시작한 어느 날이었다. 가방에서 핸드크림을 꺼내서 손에 바르는 연서를 보며 하연이가 말을 걸었다.

 "핸드크림에 뭐라고 쓰여 있는 거야?"

 Vegan, 핸드크림 겉에 쓰여 있는 글자였다.

 "비건이라고 읽는대. 동물성 재료를 사용하지 않고, 화장품 만들 때 동물 실험도 하지 않는다는 뜻이래."

 "어? 화장품 만들 때 동물 실험을 해?"

하연이가 놀란 눈을 하고는 물어봤다.

"예전에는 했다고 들었어. 지금도 하는지는 잘 모르겠지만, 여기에 특별히 이런 글자가 있는 걸 보면 아직도 동물 실험을 한다는 이야기 아닐까?"

연서도 사실 모든 화장품에서 비건 인증 마크를 본 건 아니라서 그 내용에 대해서는 잘 몰랐다.

"그런데 화장품은 다 식물성 아니야? 동물 성분이 들어간 게 있어?"

옆에 있던 영준이가 묻자, 도현이가 대답했다.

"마유 크림이라는 게 있잖아."

"마유가 뭐야?"

"말의 기름. 그럼 재료가 동물성인 거지."

하지만 도현이가 아는 것도 거기까지였다. 화장품에는 알 수 없는 말들만 쓰여 있고, 글자도 너무 작았다. 영준이는 비건 인증 마크가 쓰인 화장품은 처음 봐서 신기했다.

"아! 나도 토끼가 그려져 있고 동물 실험에 반대한다고 쓰인 화장품 본 적 있는 것 같아."

하연이가 엄마 화장대 위에 놓인 크림 통을 떠올리며 말했다. 검은색 크림 통에는 토끼 두 마리가 마주 앉은 그림이 그려져 있었다. 그리고 '우리는 동물 실험에 반대합니다'라고 쓰여 있었다.

"그러니까 비건 인증도 그렇고 토끼 그림도 그렇고 모두 동물 실험을 하지 않는다는 거네? 그런데 왜 토끼일까?"

영준이가 고개를 갸웃거리며 말했다.

1 농장 동물의 복지를 위한 노력

농장 동물의 복지라는 말이 가장 처음 나온 것은 1960년대 영국이었습니다. 1964년에 루스 해리슨이 《동물 기계》라는 책에서 다루었지요. 나쁜 환경에서 살아가는 농장 동물과 축산업에 관한 이야기였어요. 사람들은 우리가 먹는 동물이 거의 죽기 일보직전까지 학대를 당한다는 사실에 충격을 받았어요. 그래서 이때부터 영국 정부는 축산업의 동물 복지에 대한 연구를 시작했지요.

영국 정부는 1979년에 농장동물복지위원회(Farm Animal Welfare Council, FAWC)를 설립했어요. 위원회에서 조사하고 발표한 보고서는 야생 동물이 아닌 인간의 통제 아래에 있는 동물의 복지를 위해 기본적인 다섯 가지 자유를 제시했습니다.

1. 목마름과 배고픔으로부터의 자유
2. 불편함으로부터의 자유

3. 통증, 부상 또는 질병으로부터의 자유

4. 자연스러운 행동을 표현할 자유

5. 공포와 스트레스로부터의 자유

  이 복지 원칙은 농장 동물에게 적용하기 위해 만들었으나 동물원과 실험 동물 분야에서도 사용되고 있어요.

  우리의 식량으로 이용되는 소, 돼지, 닭은 포유류와 조류로 척추동물에 속해 있어서 신경계가 발달한 동물입니다. 따라서 태어나서 죽을 때까지 고통과 통증, 스트레스를 줄이기 위한 과학자들의 연구가 필요해요. 그럼 농장 동물의 복지 향상을 위해서 사람들이 한 일에 대해 알아볼까요?

  1996년 미국에서는 도축장에서 잘 걷지 못하는 소를 학대하는 영상이 공개되었어요. 이 영상은 소비자들에게 큰 충격을 주었고, 맥도날드와 버거킹 같은 큰 회사들은 자신들이 파는 햄버거의 고기가 어떤 방식으로 만들어지고 있는지를 조사하게 되었지요. 그 결과 회사들은 '학대받는 동물로 만든 햄버거를 우리 아이에게 먹일 수는 없다'는 소비자들의 요구를 받아들였어요.

　인터넷이 발달하고 정보 사회가 되면서 사람들은 동물에 대한 지식이 늘어나게 되었고, 동물 복지에 대한 관심도 늘어났어요. 그래서 동물 복지 인증 제도도 만들어졌지만 아직 인증을 받은 농장은 적은 편이에요.

　농장 동물의 복지는 우리나라에서도 시행되고 있어요. 하지만 아직 생산이 많지 않기 때문에 동물 복지 축산물은 당연히 비쌀 수밖에 없어요. 우리가 지금보다 육식을 조금 줄이고 동물 복지 축산물로 먹는다면 농장 동물의 복지에 대한 여론도 많아지지 않을까요? 우리가 더욱 관심을 가지고 동물 복지 인증을 받은 농장의 축산물을 구입하고, 정부에도 복지 농장 확보에 대해 요구해야 해요. 소비자들의 요구가 생산도, 제도도 바꿀 수 있다고 생각합니다.

2 엄마 돼지의 슬픔

　농장 동물의 복지에서 큰 논란이 된 것은 암퇘지가 새끼를 낳는 '임신틀'이라고 부르는 스톨이에요. 돼지는 새끼를 많이 낳을 수 있도록 번식되었는데, 새끼를 많이 낳다 보니 그중 일부는 엄마 돼지에게 깔려 죽거나 다치는 경우가 생겼어요. 그러자 농장에서는 엄마 돼지를 임신 후 분만까지 좁은 틀에서 키웠어요. 암퇘지의 임신은 인공 수정을 통해 이루어지기 때문에 엄마 돼지는 출산을 하고 잠깐의 휴식을 취한 후 계속 임신을 하게 돼요. 114~116일 동안 스톨에 갇혀 있는 엄마 돼지는 앉거나 서는 것 외에 몸을 돌리거나 누울 수조차 없죠. 스톨은 좁은 면적에 많은 돼지를 키울 수 있지만, 돼지들에게는 너무 불편할 수밖에 없었어요.

　그래서 이 스톨을 없애자는 운동이 일어났고, 유럽 연합은 2013년 스톨의 사용을 모두 금지했어요. 미국의 경우도 맥도날드와 서브웨이를 비롯한 55개의 식품 회사가 스톨을 사용하는 농장의 육류 제품을 사용하지 않겠다는 선언을

했지요. 우리나라의 경우 아직 스톨이 모두 금지된 것은 아니지만, 인공 수정 후 6주가 지나면 엄마 돼지를 넓은 공간으로 보내도록 노력하고 있답니다.

3 농장 동물의 고통

　돼지와 소 같은 가축은 수컷의 경우 냄새가 나고 소비자들이 그 냄새를 싫어하는 경향이 있었습니다. 그래서 수컷은 어릴 적에 거세*를 하는데요, 문제는 마취를 하지 않고 칼로 생식기를 도려내거나 오랫동안 고리로 묶어 떨어질 때까지 두는 방법을 썼다는 거죠. 마취를 하지 않고 거세를 하는 것은 동물에게 큰 고통을 주기 때문에 유럽에서는 2012년에 금지되었습니다.

앞서 나왔던 좁은 공간에서 사는 닭 이야기를 기억하나요? 좁은 공간에서 많은 닭을 키우다 보면 닭이 옆에 있는 닭을 쪼아 죽이는 일도 발생했어요. 그래서 어릴 때 부리를 자르기도 했는데, 닭의 부리는 땅에 있는 벌레를 쪼아 먹는 데 사용하기 때문에 신경이 많이 모여 있어요. 그러니 마취를 하지 않고 부리를 자르면 닭이 얼마나 아프겠어요. 이런 이유로 영국, 오스트리아, 독일, 네덜란드 등 많은 나라에서는 부리 자르기를 금지하고 있습니다.

암탉이 더 이상 달걀을 낳지 않으면 억지로 낳게 하는 경우도 있었어요. 닭에게 사료를 주지 않고 모든 불을 끈 채

* **거세**: 동물의 생식 기능을 잃게 하는 것.

며칠 동안 지내도록 하면 닭은 다시 달걀을 낳을 수 있게 됩니다. 사람은 닭이 다시 달걀을 낳아 돈을 벌 수 있게 되지만, 닭은 오랫동안 굶어야 하고 어두운 곳에서 움직이지도 못하니 문제가 되고 있어요. 그래서 유럽 연합에서는 이를 금지시키고 있지만, 여러 나라와 우리나라에서는 여전히 시행되고 있습니다.

④ 동물 실험의 역사

　최초의 동물 실험은 아리스토텔레스가 있던 고대로부터 비롯되었습니다. 아리스토텔레스는 알렉산드로스 대왕의 스승으로, 그가 여러 지역을 정복하면서 가지고 온 동식물들에 관심을 가졌어요. 즉, 아리스토텔레스가 처음으로 동식물의 분류를 시작한 거죠.
　로마 시대에는 검투사들의 의사였던 갈레노스가 환자들의 상처와 질병을 치료하면서 질병 연구에 관심을 가졌어요. 그런데 로마에서 기독교가 자리 잡으면서 로마인들은 신이 주신 사람을 대상으로 무언가를 실험하는 것은 죄라고 생각했죠. 그래서 갈레노스는 여러 지역에서 동물을 수입해 해부하면서 동물의 신체와 장기 등을 살펴보았어요.

유럽의 중세는 교회가 지배하는 사회였기 때문에 과학이 발전하기 어려운 시대였어요. 그러나 근대로 넘어오면서 인간의 질병을 연구할 필요성을 느낀 의학자들이 많아졌어요. 현미경의 발명은 질병의 미세한 부분까지 관찰하고 원인을 밝히는 데 도움을 주었지요. 프랑스 미생물학자 파스퇴르는 탄저균 백신을 개발하였는데, 약화된 탄저균을 양, 염소, 소 같은 동물에게 접종하여 면역 반응을 유도해서 백신의 효과를 증명했어요. 또한 개, 토끼, 기니피그 등을 대상으로 광견병 백신의 효과를 확인했죠. 백신의 원리는 바이러스나 박테리아 같은 병원체를 약화시킨 상태에서 우리 몸에 넣어 면역 반응을 일으키는 원리예요. 그래서 이후 병원체에 노출되었을 때, 예방을 할 수 있는 거죠.

19세기 프랑스 과학자 베르나는 과학계에 생리학이라는

새로운 학문을 만들어 냈어요. 생리학은 생명체의 기능에 대해 연구하는 학문이기 때문에 살아 있는 생물에 대한 연구가 필요했고, 이 때문에 동물 실험이 많이 이루어졌어요.

그런데 19세기에는 실험의 윤리에 대해 사람들이 잘 몰랐기 때문에 길에 떠도는 유기견을 데려다 실험을 많이 했

어요. 사람들은 '이렇게 잔인한 실험을 해야 하나?'라는 생각을 했고, 이는 제도의 변화를 만들어 1876년 영국에서는 동물 실험에 대한 규제법이 만들어졌어요.

20세기에 들어오면서 과학이 더욱 발전하자 과학자들은 동물 실험에도 기준이 있어야 한다고 목소리를 높였습니다. 그 기준은 아래와 같습니다.

1. 되도록 동물을 사용하지 않는 대체법이 있다면 동물 실험이 아니라 대체법을 쓰자.
2. 되도록 적은 수의 동물을 사용하자.
3. 가능하면 동물의 통증을 없애기 위해 노력해야 한다.

5 백신 개발을 위한 동물 실험

전 세계를 휩쓸었던 코로나 바이러스, 기억나나요? 코로나 바이러스는 그 이전에 유행했던 '사스'와 '메르스' 바이러스와 관련이 있습니다. 사스는 심각한 급성 호흡기 증후군을 의미해요. 2002년 말에 중국에서 처음 발생하여 2003년까지 전 세계적으로 확산되었는데요, 고열, 두통, 몸살, 기침, 호흡 곤란 등이 나타나며, 중증 폐렴으로 진행될 수 있어 사망률이 비교적 높았습니다. 메르스는 2012년에 사우디아라비아에서 처음 발생했으며, 중동 호흡기 증후군이라고도 불렸습니다. 고열, 기침, 호흡 곤란, 폐렴 등이 나타나며, 설사도 동반될 수 있고, 치명률˚이 높아 심각한 질병입니다. 주로 낙타와의 접촉을 통해 전파된다고 알려져 있는데요, 이 질병들은 공통점이 있습니다. 모두 동물로부터 유래한다는 것이죠.

과학자들은 코로나 바이러스가 박쥐로부터 시작되었을 가능성이 높다고 보고 있습니다. 박쥐는 다양한 종류의 코로나 바이러스의 자연 숙주로 알려져 있어요. 숙주란 바이러스가 살아가고 복제하기 위해 필요한 자원을 얻는 생물

- **치명률:** 어떤 병에 걸린 환자에 대한 그 병으로 죽는 환자의 비율.

을 말합니다. 바이러스는 독립적으로 에너지를 생산하거나 단백질 합성을 할 수 없어 숙주의 세포가 필요하거든요. 인간, 동물, 식물, 세균 등이 필요한 것이지요.

그럼 박쥐에게 있던 바이러스가 어떻게 인간에게 옮겨 간 것일까요? 많은 과학자는 야생 동물과 인간의 거리가 좁아지면서 박쥐에게 있는 바이러스가 가축을 통해, 그리고 다시 인간에게 옮겨 갔을 가능성이 있다고 보고 있습니다. 인간과 박쥐 사이의 거리는 왜 좁아진 것일까요? 그것은 생태계의 파괴와 관련이 있어요. 인구가 늘어나면서 과거 야생 동물이 살던 숲을 개발하고 가축을 키우는 목초지나 사료 생산을 위한 땅으로 사용하면서 인간과 야생 동물의 거리가 더욱 좁아지게 된 것이죠.

코로나 바이러스가 빠르게 전파되면서 백신과 치료제 개발에 전 세계의 제약 회사가 뛰어들었는데요, 이때 하는 동물 실험을 '전임상 시험'이라고 합니다. 동물 실험에서 효과와 안전성이 입증되면 사람을 대상으로 임상 시험을 하는 거예요.

인간이 풍요롭게 살게 되면서 동물의 바이러스가 인간에게 온 것인데, 백신과 치료제 개발을 위해서도 동물이 사용되고 있습니다. 우리는 건강과 생명 유지를 위해 동물들에게 빚을 졌다는 사실을 잊어서는 안 돼요.

화장품 동물 실험이 금지된 이유

　화장품 병에 그려진 토끼를 본 적이 있나요? 하연이가 집에서 본 크림 통에도 토끼가 있었죠?

　화장품을 개발하고 제품으로 팔기 위해서는 피부에 발라도 안전한 화장품을 만들어야 해요. 그래서 화장품 회사들은 동물 실험을 해서 우리 회사가 만든 제품이 안전하다는 것을 보이려고 했어요. 그중 토끼는 화장품 동물 실험에 많이 쓰였던 동물이에요.

　실험에 토끼가 사용된 이유는 단순해요. 토끼는 눈물을 흘리지 않기 때문이지요. 토끼를 목이 꽉 조이는 틀에 넣고

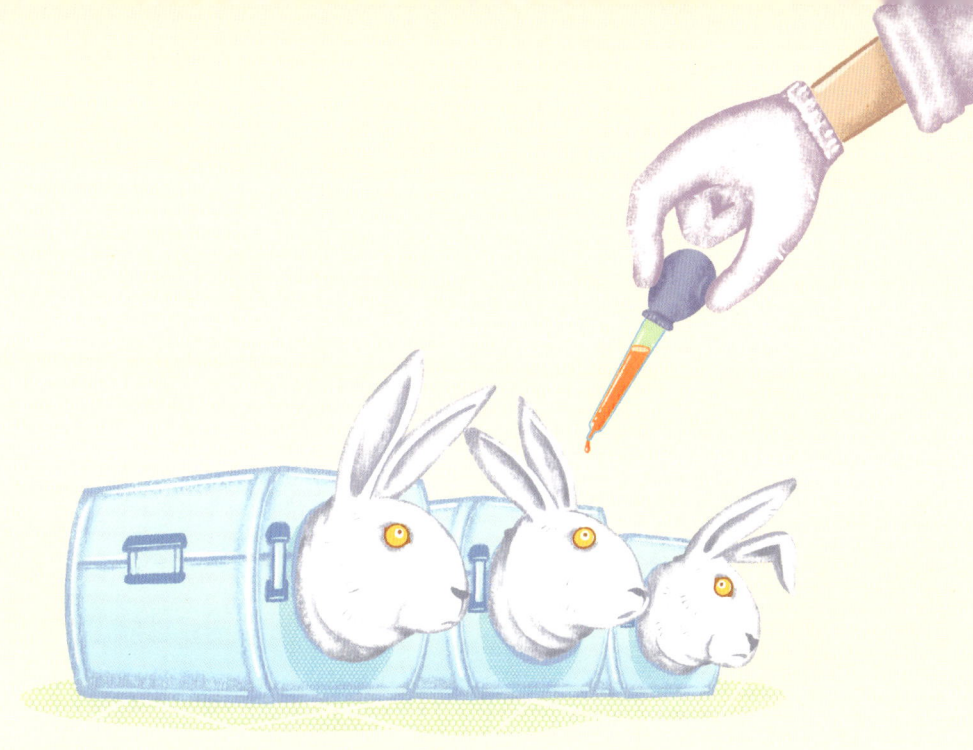

토끼의 눈에 화장품 원료를 넣어요. 그러면 토끼는 너무 아파서 몸부림치다가 뼈가 부러지기도 했어요.

화장품 동물 실험 금지는 1998년 영국에서 처음 시작되었어요. 화장품 동물 실험을 없애야 한다고 주장한 배경에는 두 가지가 있습니다.

첫 번째는 실험의 잔인성입니다. 토끼가 몸부림치면서 죽어 가는 것은 실험을 하는 사람에게도 보기 힘든 일이었어요. 동물도 고통을 느낀다는 것을 사람들도 아는 시대가 된 것이고요.

두 번째는 화장품의 원료가 대부분 이미 실험을 거친 것이라 새로운 제품이 나올 때마다 다시 실험을 할 필요가 없어졌다는 것입니다.

유럽 연합은 2013년부터 동물 실험을 거친 화장품의 수입, 유통, 판매를 전면적으로 금지했고, 우리나라에서는 2017년 2월 4일부터 동물 실험을 거친 화장품 및 원료의 제조, 수입, 유통, 판매를 금지했습니다. 사실상 우리나라에서 판매하는 화장품 중 동물 실험을 한 제품은 없어요. 그러니 안심하고 써도 돼요.

선생님, 질문 있어요!

❶ 꼭 채식을 해야 할까요?

인류는 농경 사회가 시작되면서 정착 생활을 하게 되었어요. 그때부터 여러 동물을 가축으로 길들였는데, 그중 가장 성공한 동물이 소와 돼지, 닭이었어요. 그러니까 우리가 먹는 꽃등심, 삼겹살, 치킨은 상품이자 음식이기도 하지만, 한편으로는 살아 있는 생명이고 통증을 느끼는 동물인 거예요.

이런 이유로 육식을 하지 않는 사람들도 있어요. 이들을 '채식주의자'라고 하는데요, 전 세계 인구 중 채식주의자는 1~2퍼센트 정도라고 해요. 채식을 선택하는 이유는 동물이 불쌍해서, 건강 때문에, 환경에 대한 염려 등으로 다양합니다.

반면 고기는 단백질, 철분, 아연, 비타민 B12 등의 영양소를 풍부하게 포함하고 있어요. 비타민 B12의 경우 적혈구를 만들어 빈혈을 예방하고, 에너지를 생성하며 신경계의 전달 역할을 하는데요, 이는 동물성 식품에서만 얻을 수 있습니다. 또한 고기는 우리 몸이 스스로 만들 수 없는 필수 아미노산을 공급합니다. 아미노산은

근육, 피부, 머리카락 등 신체의 여러 조직을 구성하는 데 필요해요. 따라서 성장기 어린이에게는 고기를 먹는 것이 중요해요.

또, 고기는 다양한 문화권에서 중요한 음식으로 여겨지며 요리의 재료로 사용됩니다. 즉, 고기를 먹는 것은 하나의 문화이기도 합니다. 그렇다고 해서 동물 복지를 위반하거나 학대하는 것은 옳지 않아요. 그래서 농장 동물의 복지가 필요한 것이고요.

아직 채식을 하는 것과 잡식을 하는 것 중 어떤 것이 더 옳다고 사회적으로 정해진 것은 없습니다. 서로의 선택을 존중하면서 대화를 통해 조금씩 의견을 좁혀 가면 어떨까요?

❷ 동물 실험은 어디까지 허용되어야 하나요?

전 세계적으로 동물 실험을 규제하는 법이 발전하고 있어요. 영국의 경우, 화장품 동물 실험은 전면 금지되었지만, 그 외의 동물 실험을 하는 기관은 허가를 받아야 하고 그건 실험자도 마찬가지입니다. 기본적으로 동물 실험을 하는 사람들은 모두 면허를 따야 해요. 동물 실험 시설은 식약처의 허가를 받아 만들어야 하고요. 시설에 동물 실험을 할 수 있는 충분한 장비가 있는지 전문가의 평가도 거쳐야 합니다.

미국은 중고등학교에서 동물 실험을 할 때, 그것을 거부할 수 있는 권한을 줍니다. 동물 실험을 하고 싶지 않다고 느끼는 학생의 의견을 존중하는 거죠.

우리나라는 미성년자(만 19세 미만)가 동물 해부 실습을 포함한 동물 실험을 하는 것은 원칙적으로 금지되어 있어요. 다만 동물 실험 시행 기관에서 교육 목적으로 하는 경우에만 예외적으로 허용될 수 있지요.

동물 실험을 하지 않도록 법에서 정한 동물도 있습니다. 예를 들어 경찰견, 군견 등은 인간을 위해 봉사한 동물이기 때문에 실험용으로 쓰지 않습니다. 인간을 위해 일한 동물을 실험용으로 쓰는 것은 윤리적으로 바르지 않다고 보는 것이죠. 일을 하는 동물인 만큼 퇴직하면 가정을 찾아 반려견으로 살게 해 주고 있습니다.

후일담

도현이에게는 과학 고등학교를 가고 싶어 하는 중학생 형이 있는데, 형이 오늘 학교에서 동물 실험에 대해 찬반 토론을 했다며 집에 와서 가족들에게 이야기해 주었어요. 꿈이 과학자인 도현이는 형이 하는 이야기가 조금 어렵긴 했지만 무척 흥미로웠죠.

동물 실험에 반대하는 학생의 의견

과연 동물을 사용한 실험 결과를 인간에게 적용할 수 있을까요? 가장 많이 쓰이는 실험 동물은 쥐인데, 인간과 95퍼센트의 동일성을 보인다는 점에서는 매우 비슷하다고 볼 수 있겠죠. 그런데 과학이 발달하면서 질병의 원인이 유전자 혹은 세포 수준에서 발생하기 때문에 5퍼센트의 차이는 굉장히 크다는 것을 알게 되었어요. 그렇다고 해서 인간과 98~99퍼센트 유전자가 유사한 침팬지를 이용하기는 어려워요. 침팬지는 멸종 위기종이기도 하고 영리하고 똑똑해서 실험실에서 키우기도 힘들거든요.

우리는 '탈리도마이드 사건'을 기억해 볼 필요가 있습니다. 독일의 한 제약 회사에서 개발한 탈리도마이드는 임산부의 입덧 완화에 효과적이라고 홍보되었습니다. 물론 이 약은 동물 실험을 통해 안전성을 입증한 후에 판매되었어요. 그러나 이 약은 태아의 기형을 유발하는 심각한 부작용이 있었습니다. 그래서 여러 동물 실험을 다시 시행했지만 과학자들은 문제가 없다고 봤고, 약은 계속 팔리다가 결국 중단되었어요. 이 약으로 약 5년 동안 전 세계적으로 12,000여 명의 기형아가 태어났고, 이 사건은 의약품의 안전성 연구에서 동물 실험이 효과가 있는가에 대한 의심을 가져왔습니다.

동물 실험이 필요하다고 주장하는 학생의 의견

지금도 동물 실험의 결과를 낸 후 임상 시험까지 모두 성공해야 신약이 판매될 수 있어요. 이런 엄격한 허가 제도는 1937년 미국에서 시작되었습니다. 1930년대에 세균 감염을 막는 '설파'라는 약이 있었습니다. 한 제약 회사에서 약을 구매하는 환자를 많이 확보하기 위해 아이들도 먹기 편하게 딸기 향이 나는 약을 발명한 것인데요, '다이에틸렌글리콜'이라는 유기 용매에 녹인 게 문제가 되었죠. 이 유기 용매는 자동차 부동액에 사용되는 것인데 그때까지는 위험성이 전혀 알려지지 않았어요. 그렇게 팔린 약은 결국 105명이 신장 독성으로 사망하는 일을 발생시켰죠. 이 사건으로 미국식품의약국(FDA)은 의약품 안전성 검사를 의무화하는 법안을 도입하였습니다. 이를 통해 의약품 개발과 판매 과정에서 안전성을 철저히 검증하는 시스템이 자리 잡게 되었습니다.

약이란 나쁜 증상을 없애기도 하지만 잘못 사용하면 독이 되기도 해요. 그 때문에 사전에 충분한 실험을 통해 안전성을 입증해야 합니다. 새로운 약은 기존에 있던 약의 단점을 극복하면서 계속 발전하기 때문에 우리의 건강과 질병 치료를 위해 동물 실험은 불가피합니다. 단, 불필요한 실험으로 인해 많은 동물이 희생되는 것을 막기 위해 엄격한 기준에 맞춘 실험만 허가되어야 합니다.

동물 학대를 막자!

교실 속 이야기 7

동물 학대 사건이 발생하다

하교하는 발걸음이 모두 가벼웠다. 집에 가기 전에 놀이터에서 잠시 놀다가 가기로 했기 때문이다. 오늘은 학원도 없어서 모처럼 넷이 놀 수 있는 날이었다. 연서와 하연이는 팔짱을 끼고 수다를 떨며 길을 걸었다. 먼저 걷기 시작한 도현이와 영준이는 어찌나 걸음이 빠른지 분명히 저 앞에 있었는데 이제는 보이지도 않았다.

"연서야, 저기 봐."

하연이가 연서의 옆구리를 쿡쿡 찔렀다. 하연이가 손가락

으로 가리킨 곳을 보니 한 아주머니가 개 세 마리를 데리고 산책을 하고 있었다. 강아지를 키우는 연서는 그 모습에 눈을 뗄 수가 없었다.

"와, 나는 달이 한 마리 산책시키는 것도 힘든데. 대단하시다!"

연서는 달이가 무척 예뻤지만 그것과 별개로 아침저녁으로 산책을 시키는 게 쉬운 일은 아니었다. 특히 비 오는 날에는 하루쯤 산책을 쉬고 싶었는데 달이는 비 오는 날도 나가자고 졸랐다. 그러면 어쩔 수 없이 우비를 입혀 나가곤 했다. 그런데 세 마리를 한꺼번에 산책시키다니!

연서는 아주머니와 개 세 마리를 연신 뒤돌아보며 하연이와 놀이터로 향했다.

"뭘 그렇게 열심히 보고 있어?"

놀이터에 가니 도현이와 영준이가 핸드폰을 뚫어져라 보고 있었다. 게임이라도 하나 싶어서 들여다봤는데 그게 아니었다. 도현이와 영준이가 보고 있는 영상 속에는 엄청 많은 개가 있었다.

"이게 뭐야?"

"개를 1,400마리나 굶겨 죽였대."

도현이의 말에 연서는 자기 귀를 의심했다.

"지금 뭐라고 했어? 몇 마리?"

"1,400마리."

연서는 말도 안 된다고 생각했다. 그건 하연이도 마찬가지였다. 상상도 할 수 없는 숫자였다. 조금 전 개 세 마리를 산책시키던 아주머니가 생각났다. 그것도 많다고 생각했는데.

"1,400마리를 어떻게 키워? 거짓말 아니야?"

하연이의 말에 도현이가 고개를 저었다. 영상을 다시 보니 정말 1,400마리라고 쓰여 있었다.

"그런데 굶겨 죽인 거면 동물 학대 아니야?"

영준이가 말했다. 도현이 역시 동물 학대 사건이라고 확신했다.

"그렇겠지. 경찰이 조사도 했대."

"아니, 그런데 다 그 사람 혼자 키운 거야?"

"왜 그렇게 많이 키운 거래?"

연서의 물음에 이어 하연이도 물었다. 동영상을 보면서도 믿을 수가 없었다. 누가 지어낸 이야기 같았다.

동영상을 보는 내내 아이들은 점점 우울해졌다. 목숨을 잃은 강아지들이 불쌍하다는 생각과 함께 학대를 저지른 사람에게 화가 났다.

다음 날, 아이들은 선생님한테 동영상에 대해 말했다.

"선생님도 그 영상 봤어. 그 사람이 유기견이나 애견 산업에서 팔리지 않는 동물을 처리해 준다고 하고는 받아서 밥을 주지 않고 죽을 때까지 기다린 것 같아."

아이들의 얼굴이 더욱 경악으로 물들었다.

"말도 안 돼요!"

"그 사람은 아마 애니멀 호더였던 것 같아."

"애니멀 호더요? 그게 뭐예요?"

아이들은 처음 듣는 용어에 고개를 갸웃거렸다.

🐾 1 동물 학대란?

 현행법상 동물 보호법에서 동물 학대의 정의는 동물을 잔인하게 다루거나 동물에게 고통을 가하는 행위를 말합니다. 동물을 정당한 사유 없이 죽이거나 동물에게 상해를 입히는 행위, 먹이 또는 물을 제공하지 않거나 기본적인 돌봄을 소홀히 하는 행위, 생리적 요구나 생활 환경을 무시하여 동물의 건강을 해치는 행위 등이 모두 해당하지요. 증거만 있으면 처벌할 수 있는데 증거 수집이 어려운 경우가 있습니다. 목격자가 소리만 듣고 영상이 없다거나, 동물을 제대로 돌보지 않아서 마르거나 아파 보이는 경우 이것을 학대로 봐야 하는지 알기도 힘들고 증명하기도 어렵습니다. 범인이 동물을 자기 집 안에서 죽인 경우, 아무도 본 사람이 없으면 발견되지 않을 수도 있고요.
 증거가 없어서 실제로 수사가 되지 않은 사건의 대표적인 예시가 바로 길고양이입니다. 길고양이는 주인이 없고 밖에서 지내기 때문에 범죄의 대상이 되기 쉽습니다. 하지만 길고양이도 동물 보호법상 보호 대상이기 때문에 학대는 금지입니다.

대표적인 동물 학대 사건

　2011년, 한 동물병원으로 주민들이 유기견을 계속 데리고 오는 사건이 있었습니다. 그런데 이런 개들이 계속 들어오는 것을 이상하게 생각한 수의사가 이를 경찰에 신고했습니다. 경찰이 주변을 조사하는 과정에서, 어떤 남자가 개를 잡아 벽에 던졌고 이때 다른 개들도 방에 있었다는 증언이 나왔습니다. 증인의 말에 따르면 그 집에서 나온 쓰레기 봉투에 죽은 개가 있었다는 겁니다. 결국 그 남자는 동물 보호법 위반으로 조사를 받게 되었는데, 조사 결과 남자가 죽인 개는 모두 여섯 마리였습니다. 더욱 끔찍한 것은, 구조되어 병원으로 온 개들이 너무 빨리 죽는 것이 이상해서 수의사가 검사를 진행했는데, 개들의 몸속에 커터 칼이 있었다는 거예요. 커터 칼을 먹여 밥을 먹지 못하게 하고, 바짝 마르게 되면 유기한 것이었습니다.

이 사건이 방송에 나오며 동물 학대에 대한 처벌이 더욱 강해져야 한다는 사회적 요구가 커졌고, 2012년 동물 보호법에 처음으로 동물 학대에 대한 처벌 조항에 징역형이 생겼습니다. 하지만 이후에도 여러 동물 학대 사건이 발생했습니다.

2021년, 한 남성이 길고양이와 분양받은 고양이 76마리를 잔인하게 학대하고 살해한 혐의로 기소*되었습니다. 법원은 이 남성에게 징역 1년 2개월을 선고했습니다.

2023년에는 경기도 양평에서 한 60대 남성이 개와 고양이 등 약 1,000마리의 동물을 굶겨 죽인 혐의로 기소되었으며, 이에 법원이 징역 3년을 선고한 사건도 있었습니다.

김포에서도 가정 내 갈등 중 반려견을 창밖으로 던진 사건이 있었고, CCTV 영상이 공개되며 진실이 밝혀졌습니

- **기소**: 검사가 특정한 형사 사건에 대해 법원에 심판을 요구하는 일.

다. 모두 동물 학대에 대한 강력한 처벌과 사회적 인식 개선의 필요성이 제기된 사건들입니다.

잘못된 사랑, '애니멀 호더'

호더란 '저장 강박증'이란 뜻인데요, 간혹 쓰레기를 모으는 사람이라고 뉴스에 나오는 사건들 있죠? 그런 사람들을 부를 때도 호더라는 단어가 쓰입니다. 애니멀 호더란 '동물을 모으는 것에 집착하는 사람'이라는 뜻입니다. 처음에는 불쌍한 개나 고양이를 집에 데리고 왔다가 한 마리, 두 마리 더 데리고 오면서 결국 감당하기 어려울 정도로 동물의 수가 불어나는 거죠.

주변에서 개가 짖는다는 민원이 들어오거나 냄새가 나기 시작하면 외부에서 사람들이 와서 자신의 집을 확인하겠죠? 애니멀 호더는 그걸 방지하기 위해 창문을 막아 버리거나 집 안으로 숨게 됩니다. 그렇게 여러 마리를 함께 데리고 있다 보면 환경도 악화되고, 나쁜 냄새가 충분히 환기되지 않아 호흡기 질병에 걸릴 수도 있습니다. 특히 개는 여러 마리를 한꺼번에 키우면, 남아 있는 늑대의 습성 때문에 서열을 정하려고 합니다. 그 과정에서 여러 마리가 싸워 다치는 경우도 생기고요. 그런데 애니멀 호더는 다치는 개가 있어도 자신이 잘못을 하고 있다고 생각해서 동물병원에 데리고 가지 않는 경우가 많습니다. 그러면 개는 아파도 제대로 검진이나 치료를 받지 못하게 되겠죠. 한 사람이 돌볼 수 있는 동물의 수도 한계가 있기 때문에 한 마리, 한 마리 제대로 돌보지 못하는 경우도 생기고요.

여기서 더욱 심각한 문제는 중성화 수술을 하지 않은 채 여러 마리를 키우는 겁니다. 중성화 수술을 하지 않으면 여러 마리가 번식해 동물 수가 더욱 늘어나게 되죠. 그러다 가족끼리 번식하면 유전적으로 문제가 생기기도 합니다.

처음에는 다 사랑으로 동물을 데리고 오기 시작합니다. 그러나 사랑이 집착으로 변하고 이웃과 다투는 일이라도 생기면 더더욱 집 안으로 숨어들게 되어 결국 동물에게도

해를 끼치게 되는 것이죠.

동물을 사랑하고 아끼는 마음은 좋은 거예요. 그러나 동물을 끝까지 건강하게 돌봐야 하는 것도 주인의 책임입니다. 미국의 경우 애니멀 호더라고 판단이 되면 동물 학대로 기소되기도 합니다. 신고가 들어오면 정부의 공무원도 그 집을 방문하고, 집에 아이가 있는 경우 아동 학대 담당 공무원도 함께 갑니다. 그 이유는 동물 학대가 아동 학대로도 발전할 수 있기 때문이에요.

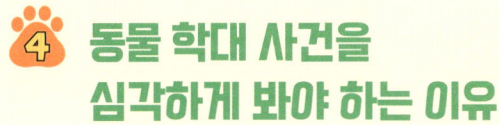
4 동물 학대 사건을 심각하게 봐야 하는 이유

많은 범죄 심리학자는 동물 학대가 향후 연쇄 살인으로 확대될 수 있다고 보고 있어요. 전 세계적으로 알려진 연쇄 살인범들의 공통점이 어릴 적 동물 학대의 경험이 있고, 동물을 향하던 폭력성이 사람으로 발전할 수 있기 때문이에요.

가끔 다른 선생님들과 동물 학대 관련하여 이야기를 나누기도 하는데요, 다소 충격적인 이야기도 있었어요. 한 학생이 상담을 해 왔는데, 친구가 주택 3층에서 길고양이 새끼들을 던져 죽였다는 거예요. 상담을 해 온 학생은 순간 영상을 찍어 놔야겠다는 생각을 했대요. 영상을 본 선생님은 동물 학대를 저지른 아이가 아직 어려 법적 신고를 할 수는 없지만, 그래도 아이와 이야기를 해 보고, 그 가족도 만나 봐야겠다고 말했어요. 계속 상담하면서 문제가 될 만한 것들을 제거하고 사회에 성공적으로 적응할 수 있게 도와야겠다는 생각을 했다고 해요.

5 끔찍한 동물 학대 사건, 왜 처벌은 낮을까요?

기본적으로 동물 학대 사건은 대상이 사람이 아니고 동물이기 때문에 처벌이 낮아요. 동물은 민법상 물건으로 규정

되어 있습니다. 동물 보호법이 강화되기 전에는 동물 보호법이 있다는 사실을 경찰들도 잘 몰랐어요. 그리고 개는 물건이기 때문에 주인이 자신의 개를 죽이는 것보다 다른 사람의 개를 죽이면 더 큰 벌금을 내야 했어요. 그 이유는 물건의 소유자가 자기 물건을 파손하는 것보다 남의 물건을 파손하는 것이 더 큰 벌을 받기 때문이죠. 판결도 동물의 가격에 따라 결정되었어요.

그러나 동물 보호법이 강화되면서 현재는 동물 보호법을 위반하면 최대 징역 3년까지 받을 수 있다고 합니다. 동물을 학대하면 감옥에도 갈 수 있다니, 이제는 사람들이 범죄라는 사실을 인정하게 된 거죠.

이렇게 많은 변화가 생겼지만 아직 부족한 것이 사실입니다. 동물을 학대하는 사람은 또 비슷한 사건을 벌이거나 대상을 바꿔서 폭력을 저지를 수 있어요. 그러니 강력한 처벌과 예방 모두 중요합니다.

선생님, 질문 있어요!

❶ 동물 학대 사건을 목격하거나 알게 되면 어떻게 해야 하나요?

우선 주변에서 동물 학대로 의심되는 일을 발견하면 어른들께 알리세요. 이때 꼭 필요한 지식이 있어요. 만약 사진이나 영상이 있으면 경찰에게 주어야 합니다. 경찰서에 가면 먼저 어떤 사건인지, 증거가 있는지 등을 진술하게 해요. 진술을 들은 경찰은 동물 학대 사건이 확실하고 증거가 있으면 법원에 심판을 요구하고, 재판이 열리게 되지요.

만약 동물 학대 사건인지 확실하지 않은 경우에는 그 일이 발생한 지역의 행정 기관, 즉 구청이나 시청에서 동물 복지 담당 공무원에게 정식으로 검사를 부탁할 수도 있습니다. 공무원이 직접 현장에 가서 살펴본 바 학대 정황이 있다면 경찰에 협조를 요청할 수 있어요. 공무원이 현장에 가서 경고를 하는 것만으로도 추가 범행을 막을 수 있습니다. 공무원과 경찰이 왔다 가는 것은 그 사람에게 큰 부담이 되거든요.

혹시 동물을 학대하는 친구가 있다면 즉시 선생님께 알려야 해

요. 선생님은 부모님과 상의하여 원인을 파악하고 심리 상담을 진행할 필요가 있어요. 초기에 폭력성을 막을 수 있다면 어른이 되어서까지 나쁜 일을 벌이지 않는 예방 효과도 있거든요.

후일담

동물 학대 사건이 무엇인지, 사건이 발생하면 어떻게 해야 하는지 선생님의 이야기를 들은 아이들은 우리 모두 동물을 보호하는 데 각자의 역할이 있다는 것을 깨달았어요. 학대가 발생하면 전문가들의 도움을 받아 문제를 해결해야 하고, 가해자가 어린이라면 상담과 치료가 필요할 수 있으니 어른들과 상의하여 예방해야 한다는 것도 알았어요.

'동물들은 말을 못 하니까 우리가 동물들을 위해 좋은 세상을 만드는 데 어떤 역할을 할 수 있을 거야.'

아이들은 그런 생각이 들면서 책임감과 용기가 생겼습니다. 또한 여러 도움을 준 수의사 선생님에게도 감사의 말을 전했어요.

추천사

★★★★★

  우리 아이들이 살아가는 학교와 교실에서 실제로 일어나는 생생한 사례들을 담은 이 책과 만나게 되어 참 반갑고 고맙습니다. 아이들도 때로는 혼자 끙끙 앓으며 어떻게 해야 할지 몰라 마음을 졸이고는 합니다. 이 책은 그런 순간마다 또래 친구들과의 이야기 속에서 실마리를 발견하고, 자신의 속마음을 들여다보며 해결의 실마리를 찾을 수 있도록 이끌어 주는 따뜻한 마중물이 되어 줍니다.

  자칫 무겁고 어렵게 느껴질 수 있는 주제들을 일방적인 설명이나 훈계가 아니라, 어린이들과 함께 고민하고 공감하며 스스로 판단하고 성장할 수 있도록 안내하는 방식이 무엇보다도 매력적입니다.

  〈교실 속 작은 사회〉 시리즈는 어린이들뿐 아니라 아이들의 마음을 더 깊이 이해하고 싶은 부모님과 선생님들께도 꼭 추천하고 싶습니다. 평화로운 교실과 세상을 꿈꾸는 모든 분들과 함께 읽고 싶은 책입니다.

- 전국초등사회교과모임

추천사

★★★★★

　10여 년 전 동물원 관람객 중 수상한(?) 행동을 하는 여성을 목격하고 호기심이 일어 말을 건넸던 적이 있는데, 그것이 전채은 작가와의 첫 만남이었습니다. 당시 국내 동물권 운동이 활발해지면서 동물 단체가 많이 설립되었고 반려동물인 개와 고양이의 보호에 대한 목소리가 커지던 시기였습니다. 그러나 동물원 동물은 여전히 관련 법도 없고 사람들의 관심 밖에 있었죠. 동물 보호에서도 소외됐던 동물원 동물을 위해 일찌감치 발품을 팔아 현장을 확인하고 공부했던 이가 전채은 작가입니다.

　이 책은 우리와 함께 생활하는 반려동물뿐만 아니라 야생 동물, 동물원 동물, 실험동물, 농장 동물 등 전채은 작가가 활동가로 일하며 느꼈던 생생한 이야기를 제공합니다. 책을 읽으면서 '사람도 힘든데 동물까지'가 아니라 '동물도 살 만한 세상에서 사람은 얼마나 행복할까?'로 긍정하며 우리 안에 있는 선함을 찾는 기회가 됐으면 좋겠습니다.

- 동물 복지를 생각하는 청주동물원 김정호 수의사